삶의 행간

삶의 행간

김창희 수필집

계간문예

작가의 말

삶이 생각보다 쉽지 않았다. 바람이 불 때마다 많이 흔들려서 가는 길을 멀리 돌아왔다. 좋은 일은 추억이 되고 고난과 힘들었던 일은 교훈이 되기도 했다.

지난 일을 돌아보고 가슴에 남은 이야기를 글로 써서 아침단상에 올렸다. 공감하는 사람이 있고 무언가 통하는 깨달음을 삶의 행간이라 생각하여 이 책의 이름으로 정했다.

생각하며 산다고 했지만 아직도 삶을 이해하지 못한 부분이 많아 꺼내놓기 부끄러워 망설임이 컸지만, 서로 나누면 힘이 될 것 같아 용기를 냈다.

아직도 가야 할 길은 멀고, 살아보고 싶은 세상이 남아있다. 멀게만 생각했던 삶의 지평선이 문득 가깝게 보인다. 작은 언덕이라도 넘고 싶은 욕심에 서두르다 보니 생각과 글이 설익은 듯하다.

지금까지 동행하신 하나님의 은혜를 다시 생각하며 그 사랑을 찬양한다.

사랑하는 외손자 임라온과 손녀 김다인을 위해 기도하며, 책 발간을 위해 지도해주신 박성배 계간문예작가회 회장과 정종명 계간문예 발행인께 감사드린다.

2020년 11월

코로나19 종식을 기원하며

■ 목차

제2부 삶의 길목에서

제3부 세상 읽기

제4부 삶의 지평선

제5부 아직도 남은 이야기

제1부

삶의 터널

발이 시리다

나는 눈 오는 날이 좋다. 내 고향 해남은 겨울엔 눈이 참 많이 왔다. 밤새 문풍지가 울고 웃풍도 심했다. 내 방은 눈이 오는 날은 이불 밖으로 얼굴을 내밀고 자기가 어려웠다. 추워서 웅크리다 눈을 뜨면 방문이 하얗게 밝았다. 밖에 있는 화장실에 가려고 문을 열면 눈이 쌓인 넓은 들판에 눈이 시리어 눈물이 났다.

발목이 넘게 눈이 쌓이면 길인지 논인지 구분이 안 간다. 마당과 대문 앞은 아버지가 일찍 치워 놓았지만 한길은 사람보다 개 발자국이 먼저다. 아침밥을 먹기 바쁘게 썰매를 챙겨들고 마을 입구 언덕배기로 달려가면 나보다 더 재빠른 친구들이 썰매 타기 한창이다. 신나게 미끄러져 내려가면 짜릿한 쾌감에 저절로 환호가 나온다. 추억 속에 남아있는 겨울은 썰매타기로 손발이 꽁꽁 얼어도 신나고 추운 줄도 몰랐다.

설 명절이 가까워진 때문인지 어젯밤 꿈속에서 먼 고향에 혼자 다녀오느라 조금 피곤하다. 내 꿈속의 고향에는 오래전에 돌아가신 분들이 아직도 그대로 계셨다. 내 인사를 반갑게 받아주시는 그분들 앞에만 가면 현실의 나는 회갑을 넘었는데도 여전히 철부지 모습을 하고 있었다.

아랫마을 민제댁 둘째아들. 이름보다 어머니 택호를 부르며 손이라도 잡을 때면 언제나 "아이고, 내 새끼 엄마가 아파도 잘 컸구나." 하며 안쓰러워하셨다. 아버지가 일제 말 학도병으로 징용을 가셨다가 돌아오셔서 잠시 의탁한 교직에서 지병을 얻었다. 아버지 간병을 하다 오히려 어머니가 먼저 쓰러지셨고, 내가 초등학교 졸업하던 해에 세상을 뜨셨다.

지금은 아스라한 기억 속에 늘 밤늦도록 구멍 난 양말을 꿰매며 철없는 자식을 타이르고 잠든 내 머리를 쓰다듬던 그 손길을 기억하고 있다. 특별한 겨울철 놀이가 없었던 시절이라 하루 종일 눈 속에 파묻혀 놀다 보면 손발이 꽁꽁 얼었다. 모닥불에 손과 발을 녹이고 젖은 양말을 말리려다 불구멍이 나서 어머니를 힘들게 했다. 야단은 쳤지만 아픈 몸으로 양말을 꿰매어 아랫목에 말려 둔 사랑이 이제야 가슴으로 아려온다.

지금은 구멍 난 양말보다 유행이 지나서 신지 않는 것이 대부분이다. 철없이 뛰노는 자식의 시린 발을 걱정하며 몇 번이나 덧대어 꿰매던 어머니의 손길이 그립다.

동짓날 오랜만에 중동 재래시장에 다녀왔다. 날마다 같은 날이지만 하루하루 살면서 무언가 의미를 찾다보니 별것도 아닌 일에 관심이 간다. 조금 비위생적이며 불편했던 시장이 많이 바뀌었다. 경제가 어렵다지만 그 시장은 사람들이 북적거렸고 만원 한 장이면 서너 가지를 살 수 있다. 동지 팥죽을 파는 곳이 많다. 가게 앞에 길게 줄 서 있는 사람을 보니 팥죽이 맛있는 모양이다. 새알보다 밥알이 더 많이 들어있어 어머니가 해주던 방식은 아니지만 한참을 기다려 만원에 한 통을 샀다. 가족 네 명이 먹어도 충분할 양이다.

젊어서는 촌스런 시장 표 털신에 눈길도 주지 않았는데 모양보다 따스함이 느껴져 몇 번이나 들었다 놓았다. 구멍 난 양말도 신지 않았는데 발이 시리다. 이 털신을 어머니가 신었으면 참 좋겠다. 너무 빨리 내 곁을 떠나셨으니 내가 해드린 것이 하나도 없어 어머니만 생각하면 항상 마음이 아프다.

누구나 가는 길이 있다.

선택하여 가기도 하지만 피할 수 없는 숙명 같은 길을 가기도 한다. 내가 부르면 언제나 반갑게 대답하고 달려왔던 어머니는 늘 그래야 되는 줄로 알았다. 밖에 나갈 때는 어머니의 손을 잡아야 마음이 편안해진다. 낯선 세상도 어머니가 길을 열어 주셨고 뒤에서 지켜보고 계셨기에 안심하고 앞으로 나갈 수 있었다.

친구 K의 어머니 병문안을 다녀왔다. 많이 늙으셨다. 91세나 되셨으니 장수하셨다 할 수 있겠지만 나이 드신 것이 안타깝다. 내가 K의 집을 찾아갈 때마다 "배 고프지?" 하며 밥을 차려 주시던 그 모습을 잊을 수 없다.

병문안을 마치고 나오는 길에 자꾸 들어가라 해도 K가 따라 나오더니 벤치에 앉아 결국 눈물 쏟는 이야기를 하고 만다. K 집은 너무나 가난했다. 아버지가 직장을 전전하며 한 곳에 오래 다니시지 않는 탓에 늘 어머니가 아버지 몰래 돈벌이를 해야 했다. 지금 와서 생각해 보니 K가 수도권에 있는 대학을 다녔다는 것은 틀림없이 남모르는 어머니의 눈물이 뒷받침했을 것 같다.

K의 이야기는 시작부터 눈물이 앞섰다. 죽고 못 사는 우정을 자랑하는 할아버지와 외할아버지가 한 동네에 살았다. 태어나지도 않는 자식을 두고 술자리에서 덜컥 결혼 약속을 하셨단다. K 어머니는 가정 형편이 좋아 P시까지 유학하여 고등학교를 마쳤다. K의 아버지는 동네에서 수재라는 말을 들었지만 어려운 살림 때문에 읍내 고등학교를 다녔다.

할아버지들의 약속 때문인지 서로 좋아했던지 두 분은 결혼했고 K가 태어났다. 똑똑했지만 잘 풀리지 않은 사업에 아버지의 한숨이 깊어지고 급기야 술에 취한 날은 K와 어머니가 문밖에서 벌벌 떨었단다.

며칠 전 어머니의 물건을 정리하다 발견된 젊은 시절의 일기장은 K를 통곡하게 했다. 흑백 사진이지만 볼우물이 예쁘시던 모습과 작가를 꿈꾸며 써 놓은 글들에서 이제야 어머니를 알았다고 울먹이며 말한다.

꽃 피던 그 세월을 아쉬움도 뒤로 하고, 나를 꽃피우시려
그렇게 사셨구나!
자신의 꿈 숨겨두고, 자식의 꿈 희망되어 한평생 나를 위해
그렇게 사셨구나!
행여나 부족할까 넘치도록 다 주고도 "해준 것 하나 없다."
그렇게 사셨구나.

그 곱던 손, 지금은 나무 등걸이 되었고 예쁘던 볼우물은 굵은 주름이 되어 병실에 누워 계신다. 힘들게 눈을 뜰 때마다 "바쁜데 왜 아직까지 여기 있느냐?" 하면서 걱정하신다. 힘들고 긴 어머니의 길을 아직도 끝내지 못하고 나이 든 자식을 위해 기도하신단다.

올 겨울은 날씨가 매우 추울 것이라는 말을 들으니 출근하는 내 자식을 걱정하며 나도 어머니를 닮아간다. 깊어가는 겨울에 따뜻한 방 안에 있어도 자꾸 내 발이 시리다. 어머니가 보고 싶다.

내 사랑 크로톤

지난 겨울은 무척 추웠다. 짙은 푸른색에 노랑과 빨강 줄무늬 잎을 가진 크로톤이란 나무가 있다. 집 베란다에서 3년 넘게 자란 나무다. 아름다운 자태로 내 사랑을 흠뻑 받았는데, 2월 어느 날 잎이 하나 둘 떨어지기 시작하더니 앙상한 가지만 남았다.

미련을 버리지 못하고 2주간이나 물을 주고 줄기를 손톱으로 간질여 보았지만 도통 반응이 없었다. 안타까운 마음에 정신 차리라고 힘을 주어 흔들어 보았더니, 맥없이 온몸을 맡기고 말았다. 뿌리가 지탱하는 힘을 잃으면 죽었다는 뜻이다. 속상한 마음에 보기 싫어 아예 뽑아 버렸다. 안 보이면 잊을까 했더니 화분의 텅 빈자리가 자꾸 내 마음을 긁었다.

내 사랑을 배반한 크로톤에 대한 서운함에 애꿎은 가족들에게 성화를 부렸다. 마음의 상처를 주고 떠난 크로톤을 잊기 위해 김포공항 뒤편에 있는 화원을 찾아갔다. 작고 앙증맞은 벤자민은 너무 흔하고, 크고 늘씬하며 낯빛이 환한 관음죽은 마음에 들었지만 놀라운 가격에 주눅이 들었다. 결국 실패한 사랑을 회복하겠다는 오기와 한 번 가본 길이 쉽다는 변명을 하며 크로톤을 다시 샀다.

집에 와서 화분에 옮겨 심으려고 하니, 밖에서 볼 때보다 훨씬 큰 녀석의 모습에 당황하여 아내의 눈치가 보였다. 무슨 일을 하면 차분하게 알아보지 않고 덤벙댄다는 아내의 잔소리를 듣지 않으려고 크로톤의 뿌리를 조금 잘라내고 우격다짐으로 화분에 심었다.

사랑의 법칙에 그 사람을 향한 관심과 정성이 사랑의 크기를 결정한다는 말이 있다. 그래서 결혼도 중매보다 연애가 더 진한 사랑과 책임감이 큰지도 모른다. 내가 선택하고 땀 흘리며 옮겨 심고 수시로 물을 준 관심 탓인지 식물이지만 사랑스러워 정이 갔다.

그런데 이건 또 무슨 일이란 말인가! 코팅한 것처럼 번들번들하고 잎이 무성한 예쁜 녀석을 사랑스럽게 쓰다듬었더니 우수수 잎을 떨어뜨리고 만다. 무엇이 잘못된 것일까? 어린 자식을 한 번 잃어본 부모처럼 크로톤을 잘 키워내기 위해 노심초사하였다. 혹시나 영양실조에 걸릴까 봐 비싼 영양제를 듬뿍 주었다. 추위에 얼지 않게 신경을 썼으며 화원 주인이 말한 대로 1주일에 한 번씩 꼭 물을 주었다. 아무리 살펴봐도 잎을 떨굴 이유가 없다. 원인을 찾지 못한 채 크로톤의 눈치만 보며 조심스럽게 간병을 했다. 간병이라야 예전에 하던 일과 다를 것이 없지만 마음만은 병약한 아기를 다루듯 정성을 다하였다.

다행스럽게도 더 이상 잎이 떨어지지 않았다. 일주일이 더 지나자 보기에도 생기를 담은 잎들이 새파랗게 하늘로 치솟아 안심이 되었다. 병을 회복한 환자처럼 곁에서 걱정하지 않아도 제 힘으로 잘 살 것 같은 느낌이 들었다. 여유를 갖고 인터넷을 뒤져 크로톤이 갑자기 잎을 떨군 이유를 찾아보다가 '탁!' 무릎을 쳤다. '식물은 뿌리가 감당할 능력만큼만 잎과 열매를 소유한다.'라는 글귀가 머리를 때렸다. 크로톤은 내가 큰 뿌리를 화분에 넣기 위해 잘라 버린 뿌리만큼 잎을 떨군 것이다.

새삼 내가 자식들에게 어떤 뿌리를 만들어 주었는지 생각해 본다. 어른인 구세대의 생각으로, 부모라는 입장에서 미리 정해놓은 화분에 그들을 심기 위하여 함부로 뿌리를 잘라내지 않았는가? 그 잘려나간 뿌리가 창의력일 수 있고, 마음껏 뻗어나갈 상상력일 수 있고, 젊은이들만이 갖고 있는 특별한 재능일 수도 있었을 것이다.

지금은 당당히 직장에 다니며 사회인으로 자리 잡은 대견스러운 자식들이다. 돌이켜보면 이렇게 되기까지 크로톤이 잎을 떨군 것처럼 부모가 잘라낸 뿌리만큼 아픔을 겪었음직한 일들이 떠오른다. 자칫 빗나갈 수 있는 시기를 잘 이겨준 애들이 고맙다. 크로톤의 싱싱한 푸른 잎을 손가락으로 쓰다듬으며 아들을 다시 생각한다. '잘려나간 뿌리 때문에 힘들었지?'

핸드폰이 울린다. 아들이다. 마흔이 멀지 않은 나이까지 부모의 성화를 잘 이겨내고 본인이 원하는 사람을 선택하여 결혼 준비에 한창이다. 대학 진학할 때 원하는 전공을 선택하지 못해 울면서 집을 나갔던 일이 잎을 떨군 크로톤처럼 아프게 떠오른다.

4년간 취업 준비를 하면서도 부모가 친절하게 정해준 방법과 길이 무척 힘들었나 보다. 직장에 들어간 지 얼마 안 되었을 때, 결혼을 재촉했더니, 결혼만은 자기 마음대로 하겠다고 선언을 했다. 이제 한 달이 지나면 결혼을 한다. 늦은 결혼 때문에 부모의 속이 터진다고 수없이 불평을 하였었다. 자식이나 부모에게 힘든 세월이었다.

요즈음 아들의 얼굴이 밝다. 힘들 것 같은 많은 일들을 스스로 제법 잘 처리하고 있다. 이제는 잘린 뿌리가 제 기능을 다하나 보다. 오늘도 크로톤을 보면 아들이 보인다. 미안하고 고맙다. 이젠 열 손가락 안에 크로톤과 아들이 함께 자리 잡고 있다.

관악산을 오르며

토요일 아침이면 언제나 마음이 가볍고 즐겁다. 퇴임 후 하루에 두 가지는 아내와 함께 한다고 약속을 했는데, 관악산에서 가을을 느끼고 싶다는 아내의 성화를 견디기 어려워 일찍 일어났다. 꾸물대는 아내를 재촉해 10시 20분경에 관악산을 향해 출발했다.

어디로, 어떻게, 무엇을 가지고? 등 여러 가지 질문이 있었지만 환갑이 넘은 남자의 지혜를 핑계 삼아 물과 김밥 세 줄 사는 것으로 준비를 마무리했다.

배낭 메고 버스 타고, 전철 타고, 또 버스 타고 11시 30분에 목적지에 도착했다. 관악산 입구는 말만 들어도 조금 주눅이 드는 서울대 앞이다. 참 좋아진 세상이다. 관악산은 입장료가 없다. 우측통행만 하면 간섭하는 사람도 없다. 더구나 마음을 비우고 산을 찾는 방문자에게 보내는 명언이 우리를 반긴다. '불행한 사람은 갖지 못한 것을 사모하고, 행복한 사람은 갖고 있는 것을 사랑한다.' 위만 쳐다보고 갖지 못한 것을 바라고 사느라 참 힘들었다. 온 힘을 다하여 달려도 늘 부족함을 느껴 한숨과 원망이 곁에 있었다. 퇴임을 하여 더 이상 올라갈 곳이 없기도 하지만, 욕심을 조금 내려놓고 나니 마음이 참 편안하다. 가지고 있는 것이 조금씩 눈에 보이기 시작한다.

시멘트로 포장된 넓은 길에는 때늦은 단풍의 애잔함과 콧속을 시원하게 하는 산 공기가 세속의 때를 가볍게 한다. 줄줄이 오르는 사람보다 내려오는 사람이 적음에서 어떤 대열에 아직도 늦지 않았다는 여유가 느긋한 표정으로 단풍을 즐길 수 있었다.

산을 오르는 모습도 다양하다. 빈손에 평상복 차림의 구두를 신고 있는 연인. 덜렁덜렁 매달고 무엇인지 모를 것으로 배낭을 가득 채워서 힘겨워 보이는 중년부부. 소리 지르고 깔깔거리며 우르르 몰려가는 젊은 사람들. 작은 배낭과 구색을 갖춘 복장으로 진지한 모습의 노인네들.

산을 오를 때는 생각을 많이 한다. 지나온 나의 삶이 물 흐르듯이 보이기도 하고, 감정의 때가 벗겨져 마음이 열린다. 그런 때는 동반자가 있으면 좋다. 그동안 못다 한 이야기를 하나하나 풀 수도 있고, 미안한 마음에 손을 잡아주기도 한다. 사연 많은 매듭을 위로하고 남은 세월에 대한 다짐으로 가슴이 따뜻해진다.

포장된 길이 끝나자 친절하게도 나무 계단이 계속되고 군데군데 약수터와 쉼터가 있다. 산을 오르는 것은 꼭 우리의 인생과 비슷하다. 얼마쯤 가니 갈림길이 나온다. 처음부터 뚜렷한 목표가 있는 사람은 망설임 없이 한길을 택하지만, 대부분의 사람은 조금은 불안한 마음으로 여기서 한참을 망설인다. 이 길이 맞나? 어느 길이 더 편할까? 가지 못한 길에 대한 아쉬움은 다음을 기약할 수밖에 없다.

경사가 점점 급해지고 발길에 차이는 돌부리가 많아지면서 이마와 등에 땀이 배고 숨이 빨라진다. 쉬는 횟수가 늘어나고 자꾸만 위를 쳐다본다. 산은 이런 맛 때문에 오르지만 여기가 가장 고비다. 그래서 이곳을 깔딱고개라고 이름을 지었나 보다. 초보자는 급하게 산을 오르다 힘들면 쉬고, 마니아는 자기 페이스대로 오르다가 경치 좋은 곳에서 쉰다고 한다.

인생도 삼십이 갈림길로서 선택이 중요하고, 사십은 깔딱고개로 건강, 능력, 비전, 인내가 필요하다. 오십은 나름대로 정상에 도달하여 기쁨을 누리지만 오래 그곳에 있을 수는 없다. 뒤에 오르는 사람을 위해 그곳을 비워주어야 한다. 육십은 하산길이다. 흔히들 오르기보다 내려갈 때 사고가 많다고 한다. 자기가 경험하고 성공한 길이 옳다는 생각이 강해서 말이 많아지고, 올라오는 사람에게 길을 양보하는 자세가 부족한 것 같다.

오르는 중간중간 김밥을 먹는 사람이 많다. 우리도 이들 대열과 행동을 통일해야 한다는 억지도 부려 보았지만, 김밥을 먹으면 내려간다는 내 이상한 철칙(?)을 너무 잘 아는 아내가 요지부동이다. 8부 능선에서 겨우 점심을 먹었지만, 남은 과일이 있으니 정상에서 먹어야 한다는 유혹에 넘어가 마지막 깔딱고개를 내조라는 이름으로 무사히 넘었다.

관악산의 정상은 서울과 시흥의 경계이다. 사방을 둘러보면 빼곡히 들어선 아파트 숲이 눈에 많이 띈다. 그렇게 선호하고 편안한 휴식처인데도 높은 곳에서 내려다보니 답답하고 삭막하며 사람이 살기에 적당하지 않아 보인다.

곳곳에서 외치는 소리가 있다. “야호!” 정상에 오르는 사람만의 특권이다. 그러나 한 곳에서만 들리지 않는다. 자신이 정하고 도달한 곳이 나름대로 정상이다. 그래서 세상은 다양하게 살 수가 있다. 단 하나의 가치와 방법만이 있다면, 얼마나 단조로운 세상이 되겠는가?

내려오는 길은 빠르다. 인생의 시간도 나이만큼의 속도로 달린다고 한다. 젊음과 시간은 영원히 기다려주지 않는다. 나도 이제 서서히 내려갈 준비를 해야 한다. 여러 곳에서 하산을 재촉하는 소리가 조금씩 들려온다. 예전 같지 않은 건강과 부쩍 커버린 자식들의 모습, 세대 차이를 느끼게 하는 후배들, 너무 빨리 변화하는 사회가 내가 하산하기를 기다리며 지켜보고 있는 것 같다.

내려오면서 이제야 오르는 사람을 보니 조금 걱정이 된다. 그래도 그들의 얼굴은 희망과 열정으로 아름답다. 멀게만 느껴졌던 정상도 쉬거나 포기하지 않으면 조금은 늦을지 몰라도 결국은 도달하게 될 것이다. 너무 늦었다고 포기하지는 말자. 남은 시간이 얼마이든 해야 할 일, 하고 싶은 일을 끝까지 하는 것이 내가 이 땅에 존재하는 이유라는 생각이 든다.

관악산 입구에 가까워질수록 발걸음이 더 빨라진다. 급하게 서두를 일도 없으면서 달려가 버스를 탄다. 오르면서 벗었던 세속의 짐들이 어느새 쪼르르 달려와 두 어깨에 매달린다. 옆에 앉아 졸고 있는 아내의 얼굴에서 피곤함과 세월의 두께가 내 가슴을 파고든다. 좋아서, 사랑해서 결혼하였으면서도 수시로 다투고, 넓은 마음으로 안아주지 못한 것이 마음을 짠하게 한다.

남은 삶이 아직도 멀다.
산을 오르듯 삶을 오르는 동반자가 있어 얼마나 다행인가.

속이 터진다

내가 초등학교 6학년 때 어머니가 돌아가셨다. 그 때문에 아쉽게도 어머니에 대한 기억이 많지 않다. 가지고 있는 어머니의 사진도 몇 장 안 된다. 빛바랜 액자 속에서 웃고 있는 어머니를 보면, 제일 먼저 생각나는 것은, 자주 말씀하시던 "아이고, 속 터진다."라는 말이다. 뜻대로 안 되고 모르는 것이 많아 답답했다는 말씀으로 안다.

아픈 남편을 간병하면서 느끼는 답답함과 자식을 키워야 하는 고달픔이 얼마나 컸으면 속이 터질 지경이셨을까? 또 자식에게 무엇이든지 다 해주고 싶었지만 가정 형편이 어려워 보고만 있어야 할 때는 어머니 속이 터졌을 것이다.

이제는 내 속이 터지고 있다. 자식이 어렸을 때에는 답답하고 어이가 없어 속이 터지는 경우가 많았다. 대학 들어갈 때, 취업 준비할 때, 결혼 적령기에 그랬다. 그게 아닌데, 그러면 안 되는데 어쩌자고 그렇게 행동하는지 안타까웠다. 왜 그뿐이겠는가! 늦게 들어선 신앙의 길에서 깨달은 믿음의 확신을, 대를 이어주고 싶은 욕심 때문에 기도할 때마다 속이 터졌다.

요즘은 TV를 보면서 속이 터진다. 어려운 여건에서 국민의 4대의무를 성실히 수행하였는데, 국가를 이끌어가는 지도자가 내 기대를 배반하니 속이 터지지 않을 수가 없다. 국민의 평균 수명이 늘어가면서 약을 먹거나 병원 신세를 지는 경우가 많아지고 있는 것도 알게 모르게 속 터지는 삶의 반복이다.

이 속 터지는 병을 치료하기는 쉽지 않다. 어렵고, 답답하며, 안타까운 증상은 비슷하지만 원인이 다르기 때문이다. 약을 먹거나 물리치료를 받거나 수술로 치료할 수 없는 질병이니 의료보험 적용도 안 된다.

그래서 나는 기도한다. 내 욕심이 아닌 "주님의 뜻대로 하시옵소서."라고. 세상 일이 자기 뜻대로 이루어진 것이 많지 않다는 것을 누구나 알고 있다. 그것은 끝없는 욕심과 인간의 나약함으로 어쩔 수 없기 때문이다. 다른 치료법은 수양이나 민간요법이 있다. 마음을 비우고, 욕심을 버리며, 믿고 기다린다지만, 이게 어디 말처럼 쉬운 일인가.

다행히 속이 터질지라도 빨리 죽지는 않는 모양이다. 앞으로도 내 속은 계속 터져서 힘들겠지만 지금까지 살아온 것처럼 살아가야만 될 것 같다.

참 어처구니없다. 나는 초저녁 잠이 많은 편이라 일찍 잠을 잔다. 어젯밤에 그런 나를 깨워서 아내가 발가락 마사지를 요구하기에, 정말 힘들었지만 눈도 못 뜨고 양발 끝을 두 번이나 주물렀다. 혈액 순환이 잘 안되는지 아내는 조금만 부딪쳐도 시퍼렇게 멍이 잘 든다. 그래서 발끝이나 등을 안마해 주면 좋아한다. 가끔 내가 잘못했을 때도 이 방법으로 위기를 넘기기도 했다.

기분 좋게 자는 듯해서 나도 자려고 하는데 불쑥 한마디를 한다. "속이 터진다." 깜짝 놀라 무슨 말인지 물었는데, 더는 말이 없다. 아마도 잠꼬대인 모양이다. 안심이 안 된다. 무엇이 그렇게 서운했는지 알 수가 없다. 어제 있었던 일이라곤 내가 친구들과 저녁 식사를 밖에서 하고 왔고, 아들이 당직이어서 퇴근을 안 했다. 단지 딸 부부하고 25일부터 괌으로 여행 가는 짐을 혼자 챙긴 것뿐이다.

설마 그것 때문은 아니겠지! 친구들이 틈만 나면 보내는 카톡에 늙으면 뭐니 뭐니 해도 '머니'가 최고라고 했다. 손에 힘이 없더라도 자식들 눈물과 손자들 재롱에 넘어가지 말고 돈을 꼭쥐고 있자고 한 적은 있다.

또 있는 것 같다. 30만 원도 넘는다는 비싼 스포츠 운동화를 아끼느라 신지 않고 있다가 모처럼 자랑삼아 신고 나갔다가 한쪽 밑창이 떨어져 절룩거리며 집에 돌아왔다. 뭐니 뭐니 하더니 자기만 망신을 시켰다고 남편 때문에 속이 터진다고 잔소리를 몇 번이나 했었다.

어쨌든 오늘은 조금 근신해야겠다. 취중에 진담이 있고 잠꼬대가 무의식의 진실이라는데 언제 불똥이 떨어질지 모른다. 다행히 괌 여행은 딸네가 모든 것을 잘 준비하고 있으니, 쇼핑 천국이라는 그곳에서 비싸더라도 아내에게 선물을 하나 사주어야겠다.

아무리 그래도 그렇지, 이건 너무했다. 아침 일찍 일어나 주방에 가보니 주전자에 끓여 놓은 물이 새까맣다. 거의 한약 수준이다. 다른 집에서는 정수기를 놓는다고 야단이지만 우리는 물을 끓여 먹는다. 처음에는 대장균 때문이었지만 점차 몸에 좋다는 것들이 하나둘 그 속에 들어간다. 자식들이 출가하기 전에는 물 끓이는 것도 일이었다. 요즘은 한 번 끓이면 1주일을 마신다. 속 터지는 걱정이 늘어나고 있다. 물은 물이어야지 한약이 되어서는 안 된다. 그것도 1주일씩이나 마셔야 한다고 생각하니 한약 물 때문이 아니라 아내의 건망증 때문에 속이 터진다.

속이 터진다는 어머니의 말이 이제야 이해가 된다. 나도 어머니를 닮아서 사랑하는 사람을 위해서 속이 터지는 아픔을 자주 겪는 것 같다. 하지만 아내가 물 주전자를 가스레인지 위에 너무 오래 올려놓아 내 속이 터지지 않았으면 좋겠다.

안쓰러운 발 위로하기

내 발은 오늘도 이른 아침부터 저녁 늦게까지 바쁘다. 입이라도 있으면 불평 한 마디라도 했을 터인데 묵묵히 견디고 있는 모습이 안쓰럽다. 발이 크고 평발에 가깝지만, 177㎝ 키와 80kg의 몸을 175㎜의 발이 감당하고 있다.

남자의 평발은 병역 의무에서 면제된다는 말을 들었다. 오래 멀리 걸어야 하는 군 특성을 평발이 견디지 못하기 때문이다. 한때는 반 평발이라 굴러들어온 복을 못 받는다고 아쉬워했는데 살다 보니 평발이 아니어서 얼마나 다행인지 모른다.

요즘이야 걷는 것보다 차를 타는 것이 일상이지만 교통수단이 불편했을 때는 많이 걸어 다녔다. 나는 오래 걷는 것을 싫어한다. 발이 빨리 피로해지기 때문이다. 가끔 큰 발이 민망할 때가 있는데 발의 노고를 망각한 어리석은 생각이다.

처형이 발 때문에 입원했다. 엄지발가락이 심하게 구부러져 고통을 주는 무지외반증을 치료하기 위해서다. 신발은 발을 보호하기 위해 신는다. 남에게 예쁘게 보이려고 너무 작고 뾰쪽한 신발을 오래 신다 보면 이 병을 앓는 여자들이 많아지고 있다.

길어진 인생이 100 세라지만 황혼의 노인들은 삶이 참 덧없고 짧다고 한다. 그 짧은 세월을 자기 마음먹은 대로 살기에도 부족한 시간인데 남의 입맛 따라 사느라 애꿎은 발을 괴롭혔다고 처형은 병상에 누워서 한탄한다.

제2의 심장이라 하는 발이 불편하면 몸 전체가 피곤해진다. 아내는 따뜻한 족탕기 물에 발 담그는 것을 좋아한다. 전에는 거실 소파에 앉아 TV를 보며 족욕을 자주 했다. 그런데 발 관리 방법이 바뀌어 내가 힘들어졌다. 새벽이면 슬며시 발을 내 배 위에 올려놓는다. 처음에는 몰랐지만 발가락을 손가락으로 꾹꾹 눌러달라는 의미였다. 아내는 혈액순환이 잘 안되어 종아리에 퍼렇게 멍이 잘 드는 체질이다. 집안의 온갖 힘든 일을 다 하는 아내의 발이 편해야 가정이 즐거워진다.

두 달마다 만나는 모임의 선배 J는 아들이 잘 나가는 성형외과 의사다. 어떤 효도보다 용돈을 두둑이 준다고 해서 다들 부러워했다. 그런데 “자식이 잘 되어도 다 필요 없다”라는 말을 해서 깜짝 놀랐다. 사연을 들어보니 공감이 가기도 하고 우습기도 했다. 몇 년 전부터 발바닥의 티눈 때문에 불편함을 자주 하소연했었다. 멀리 떨어져 살고 진료과목이 다르기는 하지만 가까운 피부과에 가서 치료를 받으라는 말에 많이 서운했단다. 하찮게 보이는 자기 발 티눈의 고통을 두둑한 용돈

보다 더 심각하게 생각하는 듯했다.

다행히 추석 명절 때 오랜만에 아들이 왔는데 아버지의 발을 따뜻한 물로 여러 번 씻어 주었단다. 특별히 치료해 준 것 같지 않는데 이제는 티눈이 다 나았다며 얼굴 표정이 밝았다. 짓궂은 회원이 용돈은 얼마나 받았느냐고 물었더니, 봉투를 받기는 했는데 아들을 낳고 잘 가르친 아내에게 주었다고 한다. 누군가의 발을 씻어 주는 일은 그 사람의 더러움과 아픔까지 사랑하는 행위이다. 선배 J의 티눈이 의사가 아닌 아들의 손길 덕분에 나았다. 모두 부러워했다.

어제는 새로 산 여름 캐주얼 구두를 신었다. 답답한 겨울 구두에 대해 불평을 몇 번 했더니 아내가 비싼 메이커 구두를 사주었다. 자주색 가죽으로 발가락이 훤히 보이도록 터져 있어서 바람이 잘 통했다. 자유스러움을 만끽하고자 맨발로 새로 산 구두를 신고 외출했다. 착 달라붙는 착용감이 좋아 발걸음이 가볍고 좋았다. 신나는 기분에 좀 무리를 했던 모양이다. 차로 가면 20분도 걸리지 않는 거리를 걸어서 갔다 오느라 1시간 30분이 걸렸다. 새 신발을 신은 탓에 내 발이 아직 적응이 안 된 곳이 많았다. 발뒤꿈치가 조금 꺼칠꺼칠했고 가죽을 잇대기 위해 꿰맨 발등 부분이 자꾸 압박을 해서 신경이 쓰였다. 양말을 신지 않은 발에 결국 물집이 생기고 말았다. 춤이라도 출 것처럼 출발했는데 돌아오는 길엔 절뚝거리며 씁쓸한 한숨을 쉬었다. 나이가 들어도 새 신발을 신으면 팔짝 뛰고 싶은 기분이 드나 보다. 고생하는 발은 생각지도 않고 마음만 젊으니 아직도 철이 안 들었다는 아내의 핀잔을 듣고도 변명의 여지가 없었다.

회사는 현장에서 힘들게 일하는 근로자가 발이다. 국가는 노동자나 농어민 등 평범한 시민이 발이다. 발은 몸의 한 지체이지만, 지체인 자기 발도 잘 모르는 사람이 있다. 발인 그들의 삶이 편하고 즐거워야 회사가 잘 되고 나라가 발전한다.

발이 넓으면 인간관계가 넓고 사교적이라고 한다. 내 발은 크지만 사람을 가려서 사귀는 탓에 친구가 많지 않다. 발품을 팔며 부지런히 찾아다니고 얼굴을 익혀야 없는 정도 생겨 친구가 된다. 평발에 가까워 잘 다니지 못한 탓이라고 변명하지만 속으로는 늘 아쉽다는 생각을 하고 있다.

하루 일을 마치고 집에 들어와 따뜻한 물에 발을 담그면 피로가 풀린다. 고생한 발을 감사한 마음으로 어루만지는 마음이 필요하다. 몸이나 기업체나 국가나 발을 아끼고 사랑하는 것이 행복한 세상을 만드는 첫걸음이라 생각된다.

설레는 꿈

평생 일했던 곳에서 퇴임을 했다. 그동안 일과 시간에 얽매이고 쫓겨 살았으니 탈출해 보고 싶은 마음에 귀농이나 전원생활을 꿈꾸어 왔다. 고향은 너무 멀어서 강화도에 보금자리를 정하기 위해 현장도 가보고 그곳 부동산과 다섯 번이나 상담도 했었다. 자식 둘을 모두 출가시켰으나 맞벌이라 손자 양육이라는 부모 숙제가 아직 남아있다. 더구나 백화점과 병원 곁을 떠날 수 없다는 아내의 현실적인 주장이 설득력을 얻어 귀농의 꿈을 접었다. 아쉬운 마음에 겨우내 인터넷을 검색하여 집에서 20분 거리에 있는 주말농장을 분양받았다.

지난 겨울은 유난히 추웠다. 설레는 마음으로 계획한 주말농장이 진척이 안 되고 있다. 날씨가 흐리고 땅이 마르지 않았지만 작업하기에 딱 좋은 토요일이라 마음이 조급하였다. 거금을 투자하고 물어물어 준비한 것이 많다. 필수품인 장화, 작업용 면장갑, 밀짚모자, 원예

가위는 자동차 트렁크에 자리를 차지하고 들어앉은 지 오래다.

먼저 선택한 것은 감자 농사이다. 종묘상 사장님에게 초보 농군 특별 교육을 받았다. 초보가 너무 설치면 선배들이 불편할 것이라는 생각에 참고 참다가 달려간 시간은 11시 30분이었다. 분양받은 사람들로 분주할 것이라는 기대와는 달리 10평씩 분양받은 땅 20개에 팻말만 꽂혀 있고 농장주인 외에는 아무도 없었다. 내 땅은 12번이었다. 10평도 크다는 유경험자의 지도 조언이 있었지만, 내 큰 손으로 움켜쥐면 두 손바닥밖에 안 될 것 같아 양에 차지 않았다. 첫아이를 학교에 보내는 학부모의 심정으로 인터넷을 찾아보고, 개인 레슨을 받았으니 망설일 이유가 없었다. 처음이라는 말에 농장 주인은 걱정하면서 농기구를 꺼내주고 다섯 이랑을 만들면 좋다고 한다.

반듯한 고랑을 만들기 위해 줄을 찾아 꽂아놓고 삽으로 고랑을 파서 이랑에 두툼하게 흙을 쌓았다. 감자 두 이랑, 고추 한 이랑을 재배하기 위해 세 이랑만 비닐로 덮기로 했다. 롤로 된 비닐을 혼자 굴리면서 덮으려고 하니 힘들다. 바람이 많이 불어 애써 덮은 비닐이 날아가 버려서 몇 번이나 다시 해야 했다. 이럴 때 아내가 한쪽을 잡아주면 수월하겠다는 생각을 했다. 무릎이 아파서 쪼그리고 앉기 어렵고, 손가락 관절이 안 좋아 농기구를 오래 쥐고 일을 할 수 없는 아내에게 주말농장 할 때 손에 흙을 묻히게 하지 않겠다는 약속을 했었다. 괜스레 아내 생각이 많이 났다. 일은 안 해도 곁에만 있어줘도 힘이 날 것 같다. 허리가 아프고 숨이 차올라 헉헉거렸다. 오랜만에 일을 해서 그런다고 마음을 달래보지만 10평이 처음보다 넓어 보였다.

계획한 작업량을 마치고 나니 4시간이 걸렸다. 옷이 흙투성이가 되고, 손에 물집이 생겨 아리며, 몸은 노곤했다. 몸은 힘들지만, 쌓인 스트레스를 배출한 탓인지, 마음이 편하고 머리가 맑아졌다. 주말농장 복병은 집에 있었다. 빨갛게 탄 얼굴을 보고 나서, 준비해 준 작업복을 입지 않았다며, 아내의 지도 조언이 길었다. 앞으로 절대 그러지 않겠다는 약속을 하고서야 겨우 끝이 났다. 가방에 작업복과 선크림, 챙이 큰 모자를 챙겨주며 다음부터는 꼭 챙기란다.

일교차가 커서 걱정이 되기는 했지만 안달이나 봄채소 농사를 시작하려고 모종 농장으로 달려갔다. 이름도 모르지만 예쁘고 귀여운 모종들이 많았다. 마음이 없을 때는 아무런 생각이 없었는데 관심을 가지고 보니, 신기하게도 보는 것마다 예쁘게 보였다. 종묘상 주인이 친절하게 여러 이름을 설명했지만 기억나는 것은 쑥갓 하나뿐이다. 맛있게 오래 따먹으려면 밑거름을 잘해야 한다는 친구의 말이 생각나 계분 거름을 한 포나 샀다. 빨리 심어야겠다는 마음이 앞섰다. 흙을 한 삽 깊이로 파서 거름을 잘 섞으라는 조언을 따르느라 그 작은 땅을 일구는데도 열 번을 더 쉬었다. 농부의 기본 자질은 기다림과 느긋함이다. 급한 성질을 참지 못해 숨이 턱에 닿도록 열심히 하고 나니 허리가 만만치 않다. 모종을 종류별로 자리를 정하고 한 뼘 간격으로 줄을 지어 구덩이를 팠다. 모종의 수가 162개나 되어 배치하기가 어려워 줄자로 재서 하려다 초보답게 하는 것이 좋겠다는 생각에 대충 마무리하였다.

참 많이도 먹었다. 아침, 낮, 저녁을 가리지 않고 상추를 싸서 먹었다. 더구나 누룽지를 먹을 때도 상추에 볶은 멸치와 고추장을 넣어 먹는 극성스러움을 보이기도 했다. 모종을 심고 잘 자라고 있는 텃밭을 자랑하기 위해 사진을 카톡방에 올렸더니 '창희는 올여름에 풀만 먹고 살겠다.'고 한다. 친환경, 무 농약이라면 무조건 반색하는 아내 덕분에 크게 반기지 않았던 텃밭이 요즈음 상종가를 치고 있다. 일찍 모종을 심어 정성을 쏟은 탓에 주위 분들이 부러워할 정도로 상추, 감자, 고추, 땅콩, 가지, 방울토마토가 날마다 푸름을 더해 갔다.

'예쁜 꽃은 오래 피지 않고, 일찍 핀 꽃은 빨리 진다.'는 말이 실감난다. 어쩐지 내 텃밭 상추가 심상치 않다. 속없이 키 큰 녀석처럼 너무 자랐고 쑥갓은 벌써 꽃이 피기 시작한다. 잘 먹자고 한꺼번에 심은 상추가 끝물을 보이고 있다. 6월 중순까지나 버틸 수 있을지 모르겠다. 늦게 심은 옆 텃밭 상추는 지금 한창이다. 그동안 못다 한 설움을 달래기라도 하는 듯이 해롱거리며 신이 났다. 아무래도 내 텃밭은 리모델링을 해야 할 모양이다. 잘 먹었으니 감사하며 절반을 정리하여 남은 여름을 위해 다른 채소 모종을 또 심어야겠다.

풍성한 상추 때문에 관심 밖이었던 감자가 치솟는 가격에 힘입어 주목을 받고 있다. 친환경 상추에 맛을 들인 아들과 딸이 감자 수확을 재촉한다. 주말농장은 혼자 시작했지만 지금은 우리 가족의 프로젝트가 되었다. 꿈을 심어 보람을 채워준 감자를 감사하는 감자 농사 노래가 저절로 나온다.

싹을 틔워 자식 분가한 심정으로 추위 덜 풀린 낯선 땅에 씨감자를 심었다. 한참을 기다려도 소식 없기에 이 집 내력인 듯해서 기도만 하였다. 기다리다 지쳐 깜박했더니 손자처럼 예쁜 싹이 세상 밖으로 나왔다. 따가운 땡볕에 푸름이 넘쳐나고 참을 수 없는 욕망은 땅속에 꿈을 키웠다.

하지를 생일 삼아 호미질을 하면 오지게 굵은 알알이 맨몸을 드러낸다. 세밀한 손길로 온몸을 깨끗이 씻어 큰 솥 가득 설렘을 채운다. 님 기다리듯 눈도 못 땐 시간은 김 나오는 소리에 내 마음이 뜨거워진다. 절정의 순간에 뚜껑이 열리면 포시시 껍질을 벗은 보람의 속살이 향기롭다.

조급한 마음에 쇠 젓가락으로 안부를 물으면 쑤욱 깊은 속까지 마음을 내어준다. 뜨거운 손 호호 불며 소금에 찍어 먹는다.

보람을 먹는다.

'틈' 이야기

틈은 '어떤 행동을 할만한 기회'를 뜻하거나 '벌어져 사이가 난 자리', '허점'을 말한다.

틈(허점)이 없는 사람이 어디 있을까. 대학을 졸업하고 사회에 나와서 만난 P라는 사람이 있다. 잘 생긴 외모에 누구나 좋아하는 친절한 성격을 가졌다. 업무 능력도 뛰어나서 자기에게 주어진 일뿐만 아니라 타 부서의 힘든 일도 깔끔하게 처리했다.

나이가 나와 비슷하여 친구가 되고 싶었지만 안타깝게도 친구로 사귀지는 못했다. 함께 2년을 생활했는데도 P에게는 내가 들어갈 틈이 없었다. 빈틈이 없는 사람은 박식하고 논리 정연해도 정이 가지 않는다. 틈이 있어야 다른 사람이 들어갈 여지가 있고, 이미 들어온 사람을 편안하게 한다.

틈은 때로는 사람과 사람 사이에 소통의 창구가 되기도 한다. 사람의 틈은 허점이 아니라 여유이다. 그 틈으로 햇볕이 스며들고 온정이 찾아들어 평생 함께할 인연을 만들기도 한다. 굳이 그 틈을 가리려 애쓰지 않아도 좋다. 자기가 알고 있는 틈이라면 열어두어도 정도를 넘어서지 않을 수 있고, 다른 사람이 편안함을 느껴 관계가 넓어진다.

조카 H는 컴퓨터학과를 졸업했지만 영어를 잘해 대기업에서 해외업무를 담당했다. 능력이 뛰어난 만큼 욕심도 많아서 결국 월급쟁이의 꿈인 자기 사업을 창업했다. 아이템은 좋았지만 회사 설립, 자금동원, 거래처 확보, 인력 충원 등으로 동분서주하다 보니 벌써 40세가 넘었다.

안타까운 마음에 걸맞을 것 같은 사람을 소개했으나 너무 조급했던 탓인지 만나지 못했다. 나중에 알고 보니 사업이 바빠서 틈(시간)을 낼 수 없었단다. 같은 부모 입장에서 속이 탔다.

틈은 저절로 만들어지지 않는다. 많은 사람들이 급한 것을 먼저 하지만 정말 중요한 것이 있을 때는 가던 길을 조금 멈추고 틈을 만들어야 한다. 틈이 없어 하고 싶은 일을 하지 못한 사람은 틈이 생겨도 그 일을 하기가 쉽지 않다. 틈이 나기를 뒤로 미루지만 틈을 낼 수 없을 만큼 중요한 일이 언제나 기다리고 있다. 내가 필요한 시간을 잡지 않으면 흘러간 시간은 돌아오지 않는다. 조카에게 하고 싶은 틈 이야기가 많이 있는데 서로가 가지고 있는 틈의 차이가 큰 것 같았다.

무너진 조직이나 국가 권력을 보면 구성원 간의 틈(공간)이 커진 것이 원인일 때가 많다. 절대 권력자라는 대통령이나 회사 사장의 신임을 얻기 위해 아부하고 모함하며 비밀까지 누설하기도 한다. 더구나 자본주의 사회는 모든 것을 돈이 지배한다. 돈 앞에서는 누구도 믿을 수 없어 안타까운 틈이 생기고 파멸에 이르도록 커진 사례가 많다.

벌어진 틈에서 나온 말이나 행동들이 악취가 나고 보기 싫다. 그래도 그 틈을 메워야 할 사람은 조직의 수장이다. 그가 자기의 구성원을 잘 관리하지 못하거나 능력이 부족하면 회사나 국가는 불행해질 수밖에 없다.

부모 입장에서는 자식을 위한 걱정이 끝이 없다. 학교 다닐 때는 공부 때문에 안달했다. 사회에 나오니 원하는 취업이 어려워 전전긍긍했다. 이제는 다 끝났는가 싶었더니 자식의 결혼이 노후에 큰 짐이 되었다.

부모가 자식을 향한 틈은 종합세트이다. 자식이 어렸을 때, 사랑이라는 이름으로 간섭하고 지적하는 잔소리는 너무 틈(허점)이 없는 완벽한 주문이다. 부모를 통해 이 세상에 왔어도 부모도 모르는 자식의 생각과 특성이 있다. 그들의 삶은 부모가 살아보지 못한 인생을 살기도 하고 상상도 못한 내일을 살아야 한다. 사랑하지만 먹고살기 위해 일을 하는 부모는 돌이 갓 지난 자식을 틈(시간)이 없어 다른 사람한테 맡겨야 한다. 떨어져 있는 만큼 미안함은 커지고, 알면서도 어쩌지 못하는 나쁜 버릇을 키워서 속을 끓인다. 자식이 결혼을 하면 새로 가족이 된 며느리나 사위가 조심스럽고 아쉬운 신뢰의 틈 때문에 갈등이 생기곤 한다. 허물없이 대할 수 있는 딸 같은 며느리는 없고, 아들처럼 함부로 말할 수 있는 사위도 없다고 한다. 같은 말도 가려서 해야 하고 아픈 말은 속으로 삼켜야 한다.

사람의 허점인 틈이나 행동할 시간의 틈,
사람과 사람 사이 신뢰의 틈은 모두 한계점을 가지고 있다.

사람마다 상황에 따라 기준이 다를 수는 있지만 그 틈의 논쟁에서 피해 갈 수는 없다. 아무리 바빠도 틈을 내서, 서로의 빈틈을 열고, 조금 허점인 틈을 허용해야 사람이 행복하게 살 수 있지 않을까.

요즈음 나의 틈은 많이 달라지고 있다. 나이 들어 무거운 짐을 내려놓자 마음에 여유가 생겼다. 욕심을 줄이니 허점인 내 틈이 보이고 지나온 세월이 약이 되어 그 틈을 메우고 있다. 운전이나 약속을 해도 시간의 틈에 쫓기지 않기 때문에 안달하지 않는다. 기다리면 길이 열리고 그들이 스스로 정답을 말하니 편안하다. 돈 벌기 위한 모임을 정리하니 허세와 눈치로 이어가는 틈도 단순해졌다. 늘어난 가족 덕분에 앞으로 챙겨야 할 틈이 생겨 많이 바쁠 것 같다.

인생 복기

'복기'란 바둑을 두고 나서 그 경과를 검토하기 위해 처음부터 다시 순서대로 놓아보는 것을 말한다. 고수들은 자기 것 만 아니라 다른 사람의 기보를 복기하며 연구한다.

사람은 타고난 능력이 좋아서만 성공하는 것은 아니다. 남이 볼 때는 순풍에 돛 단 듯이 운이 좋아 보이지만 속사정을 들으면 힘겹고 눈물겨운 이야기가 소설 한 권으로도 부족하다고 한다.

사람은 외롭고 연약하다. 무엇이든지 붙잡고 의지하며 믿을 수밖에 없다. 손에 잡힐 것 같은 돈이나 권력에 목을 매거나, 믿고 싶은 자식이나 배우자, 친척이 있으면 많은 것을 의지하게 된다. 그런데 그에게는 그들이 없었으니 그동안 자기를 잘 챙겨주는 사람을 믿었던 것 같다. 큰일이나 중요한 일은 전문가가 하는 것이 안전하고 성공할 확률이 높다. 친하거나 그동안 잘해주었다고 그 사람을 믿거나 말을 따라 하면 뒤끝이 좋지 않은 경우를 너무 많이 보아왔다.

눈이 내리고 있었다. 벌써 40년도 지난겨울 이야기다. 지금까지 살던 곳을 떠나왔다. 낯설더라도 새로움을 찾는 것은 발전을 위한 도전이지만, 이번의 귀향은 패배 끝에 온 낙향이었다. 광주에서 공고를 다녔으나, 취업에 뜻은 없고 가정 형편이 여의치 않아 대학을 스스로 포기했다.

처음 맛보는 좌절의 쓴 맛은 그렇게 오랜 세월이 지났어도 어제 일처럼 생생하다. 막막했다. 너무 외로웠다. 시골이라 갈 곳도 없었다. 있다한들 누구 하면 다 아는 좁은 지역이라 아픈 상처를 드러내고 싶지 않은 자존심이 있었다. 그렇게 1년을 방황하다 어쩔 수 없이 택한 길이 평생을 달려온 교육자의 길이었다. 내가 택했다고 생각했는데 보이지 않는 분의 인도가 있었음을 깨닫기에는 오랜 시간이 필요했다.

'세상에 쓸모없는 실패는 없다'는 말처럼 그 겨울의 아픈 기억은 두고두고 약이 되었다. 망설이다 놓친 기회보다, 부딪혀 쓰러지는 경험을 소중하게 여기며 살았다. 역사에 가정법이 의미가 없듯이 지난 일을 후회하며 마음을 괴롭힐 필요는 없는 것 같다.

조금 길게 느껴지기는 했지만 그 겨울도 결국 지나갔고, 오늘 또 새로운 겨울을 맞이한다. 지금도 겨울이 힘들기는 마찬가지이지만 겨울은 겨울다워야 겨울 역할을 다 한다. 갈수록 기억력이 깜박깜박해지고 있다. 그래도 잊지 말아야 할 것과 잊어야 할 것을 구분하려고 애를 쓰고 있다.

세상을 살다 보니 더 나은 삶을 위해서 많은 시험을 거쳐야 했다. 성적이 행복 순서는 아니라고 하지만 경쟁사회에서 사는 한 피할 수 없는 과정이다.

시험이 끝난 후 공부 잘하는 사람 A와 못하는 사람 B는 구별이 된다. B는 맞는 개수를 세고 A는 틀린 개수를 센다. 라이벌이었지만 학교 다닐 때 내가 한 번도 이겨보지 못한 A의 비결은 알고 보니 오답 노트에 있었다. 공부하다가, 시험 보고 나서 틀린 문제는 오답 노트에 꼭 기록해 두었다가 시험 전에 다시 확인하고 기억한다. 내 인생의 시험도 A처럼 해보려고 많이 애썼던 것 같다.

몰라서 잘못할 수는 있지만 같은 잘못을 두세 번 반복하면 실패한 인생이 되기 쉽다. 그래서 효과적인 인생 복기를 위해 오답 노트를 쓴다. 아직도 내 오답 노트의 기록이 끝나지 않았다. 더 많이 수정하고 바로 잡아야 할 인생길이 남았기 때문이다. 새로 기록될 인생 오답 노트가 이미 기록된 오답 노트의 길이보다 짧아지기를 간절히 기도하고 있다.

바둑을 몰라도 자기의 삶을 복기해 보거나 더 현명하게 살려면 '반면교사'를 할 수 있어야 한다. 남을 비난하거나 욕하기는 쉽다. 내가 지금 있는 자리에서 본을 보일 수 있는 사람만이 손에 들고 있는 돌멩이를 던질 수 있는 자격이 있다. 그런 면에서 P를 잘 모르고 한 표를 찍은 나는 돌멩이를 쥘 자격이 없다. 입이라도 다물고 있어야 할 것 같다. 그래도 선택은 해야 하나 보다. 또 선거가 가까워진 탓인지 자신을 알리는 현수막, 문자, 권유하는 말들이 쏟아지고 있다. 보이는 것이 전부가 아니고 또 들리는 말들이 다 진실인 것도 아니다. 세상을 살다 보니 더 나은 삶을 위해서 많은 시험을 거쳐야 했다.

작은 선택 하나가 모여 결과가 되고
그 결과에 우리의 삶이나 미래가 좌우된다.

너무 쉽게 생각하거나 감정에 치우치지 않았으면 좋겠다. 다시 세월이 흐른 뒤에 내 삶을 복기할 때 후회할 일이 없기를 기원한다.

나는 바쁘다

퇴직하면 시간이 여유가 있을 줄 알았는데 '백수가 과로사한다'는 말처럼 하는 일이 많다. 어제 삼산 농수산물 도매시장에 다녀왔다. 과일 시장에는 감, 귤, 사과가 지천이었다. 특히 감이 대풍인지 값이 쌌다. 얼마 전에 지인이 만들었다며 가져온 반쯤 말린 감이 참 맛있어서 곶감을 만들고 싶었다. 대봉은 곶감용 감이 아니다. 너무 크면 잘 건조되지 않으며, 잘못하면 홍시가 되어버린다. 조금 작은 감 10kg 57개를 만 원에 샀다. 곶감을 만들겠다는 욕심만 너무 앞서서 구체적인 방법도 없이 덜컥 감을 먼저 사고 말았다. 곶감 만들기의 핵심은 말리기다. 공기 좋고 바람이 잘 통하는 그늘에서 깎은 감을 줄에 매달아 말린다. 감을 먼저 깎고 나니 매달 방법이 난감했다. 궁하면 통한다고 클립을 꽂아 고리를 만들고 빨간 비닐 끈으로 묶어, 베란다의 빨래걸이에 매달았다.

우리 집 아파트는 베란다 확장 공사를 하지 않은 덕분에 블라인드만 올리고 창문을 열면 채광도 좋고 바람도 잘 통한다. 깎은 감이 세련되지 못하고 빨간 비닐 끈에 매달린 모습이 좀 눈에 거슬리기는 했다. 일을 마무리하고 나니 대단한 일을 한 것 같아 마음이 은근히 뿌듯하다. 유리창을 꾸미듯이 줄줄이 매달린 깎은 감들이 마치 보석을 매달은 커튼처럼 햇빛을 받아 반짝인다.

다행히 날씨가 좋다. 비가 오거나 흐린 날이 많으면 좋은 곶감을 만들지 못한다. 명품 곶감의 첫 단추는 2~3일 정도 좋은 햇볕에 말려야 감 표면이 꼬들꼬들해지고 맑은 주황색이 된다고 한다. 곶감이 달콤한 냄새를 풍기며 건조되는 기간은 한 달 정도가 필요하다. 다행히 초가을 날씨라 흐리고 비가 오는 날이 많지 않다. 명품 곶감이 탄생하려면 신선한 재료와 부지런한 보살핌, 그리고 무엇보다도 날씨가 도와줘야 한다. 운이 없으면 같은 노력을 해도 결과는 많이 차이가 난다.

카톡에 뿌려진 내 체험기에 지도 조언과 든든한 동참 의사를 표현한 분이 많았다. 아내가 우려 섞인 반대를 했지만 "이것도 내 맘대로 못하느냐?"라고 오랜만에 큰소리를 쳤다. 내친김에 먹음직스러운 대봉 15kg 두 상자를 삼산 농산물 센터에 가서 또 샀다. 아내 눈치를 보느라 차가운 베란다에앉아 두 시간 넘게 깎았지만, 일 하는 내내 즐거웠다. 내가 좋아서 선택한 일이라 그런 것 같았다.

곶감 걸이에 대해 불편함을 호소했더니 경험 있는 몇 분이 좋은 정보를 보내왔다. 깔끔하고 멋있는 곶감걸이를 인터넷으로 주문했다.

한 세트에 두 줄 5단계로 10개를 매달 수 있는데 아래로 연결고리가 있어 필요한 대로 늘릴 수 있다. 하지만 아파트에서 곶감 건조는 어려움이 많다. 시집간 딸 방이 비어 있고 베란다가 넓어서 구입한 곶감걸이를 설치했더니 안성맞춤이었다. 자랑하고 싶어 사진으로 찍어 카톡방에 올렸다.

내가 만든 곶감이 정은 가지만 경제성은 없는 것 같다. 첫 시도의 결과를 과대평가하여 너무 성급하게 사업(?)을 확장했나 보다. 늦가을로 접어든 날씨 때문인지 흐린 날이 많고 햇볕이 들어오는 시간과 양이 많이 줄었다. 누군가 선풍기를 틀어 말렸다고 해서 웃었는데, 나도 비상 대책을 강구해야 할 것 같다. 여러 곳에 자랑을 많이 했는데 이러다 체면을 구길지 모르겠다. 아내 모르게 잘 마무리해야 곶감을 편하게 먹을 것 같다.

곶감이 잘 만들어지면 지인들에게 자랑 섞인 인심도 팍팍 쓰고, 마음이 통하는 사람들과 곶감 동호회도 만들고 싶었는데, 너무 앞서간 것 같다. 더구나 몇 사람과는 이미 '다른 사람들은 죽어도 모르는 우리들만의 즐거움'을 공유하는 동호회 준비가 착착 진행되고 있었는데 일이 난감하게 되었다.

요즈음 나는 바쁘다. 밖에 나갔다가 들어와서 제일 먼저 확인하고, 자다가도 눈만 뜨면 달려가 곶감의 안부를 살핀다. '무소유가 행복'이란 말이 점점 절실해 온다. 내가 시작한 일이니 내가 수습해야 한다는 절박감에 마음이 쫓기고 편하지 않다. 결국 일은 벌어지고 말았다. 사람 속도 잘 알지 못했는데 말 못 하는 곶감 속을 어찌 알 수 있겠는가! 아무리 선풍기를 틀어도 기온이 떨어지고 큰 대봉이다 보니 겉은 멀쩡하나 속에서 곰팡이가 피고 말았다. "자식을 사랑한다며 바른 길을 잘 알지 못한 체 땀과 정성만 무작정 쏟아부으면 자식 교육이 실패한다."라고 그렇게 역설했던 생각이 떠올라 부끄럽다.

가족 몰래 130개나 되는 곶감을 해부하여 곰팡이 핀 속을 긁어내느라 이틀이나 추운 베란다에서 떨었다. 그 영향 때문인지 콧물이 나고 기침을 해서 감기 기운이라고 생강차를 얻어먹었지만 아내의 타박이 길었다. 곶감 속을 긁어내고 나니 부피는 홀쭉해졌지만 벌써 꼬들꼬들 해지고 곶감의 익은 냄새가 향기롭다. 마음속에 든 욕심도 곶감처럼 비울 수가 있었으면 좋겠다.

우여곡절도 많았고, 원래의 기대에 미치지 못했지만, 상처뿐인 곶감을 냉동실에 넣었다. 무더운 여름이 오면 시원하고 달콤한 곶감을 꺼내 먹으며 지난가을을 되새길 생각이다.

성급한 욕심이 부른 결정과 모든 것이 때가 있다는 교훈, 속을 비워 새롭게 태어난 곶감 이야기가 곶감 동호회 사전에도 기록될 것 같다. 퇴직하고 할 일 없이 빈둥거리는 것보다 바쁘게 사는 것이 얼마나 행복한 일인가. 감을 사다가 깎고 말려 곶감을 만드는 일을 하면서

'나는 바쁘다'고 주문을 걸었더니
어느새 행복한 마음이 가득 차 온다.

내가 오른 한라산 8.2㎞

교직에 있다 함께 퇴직한 아내와 1주일 제주살이 여행을 계획했다. 운 좋게도 아내의 지인이 빌려준 성산읍 별장에서 짐을 풀고 인생 2막 적응 연습을 시작했다.

아침 7시 30분에 한라산 등반을 위해 렌터카로 출발했다. 한라산 속살로 가는 길은 5개가 있다. 숨이 턱까지 차오를 때에 길이 보인다는 어리목 코스. 걷고 또 걷다가 하늘을 만난다는 성판악 코스. 낯선 길로 가야 신천지가 보인다는 관음사 코스. 잃어버린 기억을 찾아 떠난다는 돈내 코스. 안갯속의 영실 기암을 찾아 떠난다는 영실 코스가 있다.

인생이 그렇듯이 등반 목표가 하나라도 길은 여러 갈래다. 선택한 코스는 가장 짧은 영실 코스다. 백록담 정상까지 오르지 못하지만 백록담 턱밑 남벽까지 가는 영실 코스는 왕복 6~7시간이 걸린다. 먹고 살기 위해, 자식을 키우느라 정신없이 달려온 힘든 길이었다. 시작할 때의 마음과는 달리 그 길은 육신보다 마음고생이 많았다. 때로는 힘들고 지쳐 쓰러질 뻔도 했고, 부끄러운 모습 때문에 후회하며 자책에 시달리기도 했다. 그렇게 달려온 길에서 화려한 백수(?)가 되었으니 조금 쉬고 싶어 백록담 정상을 포기하고 분수에 맞는 길을 선택했다.

숙소인 성산읍을 떠나 영실을 가는 길은 58Km, 1시간 30분이 걸렸다. 아침 출근 시간인데도 차들이 한가하다. 좌우가 울창한 숲길을 달려가니 차 속에 있어도 힐링이 된다. 며칠 전까지 했던 직장생활이 전생이라도 된 듯이 아득해지고, 속세라도 떠난 느낌이 든다.

성수기가 지난 9월이라 영실로 가는 차가 많지 않았다. 좁은 2차선 도로가 구불구불하고 급한 경사로 인해 퇴임으로 풀어진 긴장을 다시 조이게 한다. 조수석에 앉은 아내의 지도 조언이 또 시작된다. "속도가 빠르다. 브레이크를 급하게 밟는다. 깜박이는 왜 안 켜느냐?" 퇴임 전부터 하던 말이다. 퇴임사 말미에 이제부터 아내 말 잘 듣고 그동안 진 빚 다 갚겠다고 선언했는데도 견디기가 쉽지 않다. 남자는 환갑이 되어야 철이 든다는데 나는 아직 그 단계가 먼 것 같다.

매표소에 도착하니 입장료는 없지만 주차료는 내야 한단다. 조금만 더 젊었다면 주차장에다 주차하고 2.4㎞ 떨어진 휴게소까지 걸어가련만 보기와 다른 화려한 백수의 체력을 고려하여 차를 운전하여 올라갔다. 영실휴게소! 본격적인 산행은 여기부터다. 연일 기록적인 더위인지라 얼음물, 오이, 초콜릿, 귤, 사탕을 준비했다. 요기가 될 수 있는 김밥을 준비 못해 걱정했는데 주먹밥을 파는 곳이 있어 두 덩이를 샀다.

제주도 날씨는 변화무쌍하다. 일기예보에 오늘은 오전에는 흐리고 오후에는 덥다고 했는데 출발하면서 하늘을 보니 먹구름이 하늘에 가득하다. 사람들이 별로 없어 준비 운동을 하고 아내의 손을 잡고 울창한 송림 속을 걸으니 길옆으로 흐르는 시원한 개울물 소리가 방전된 에너지를 충전해 준다. 서두르지 않고 천천히 체력을 고려하여 올라가면서 지나온 일을 이야기한다. 빨리 가려면 혼자 가고 멀리 가려면 함께 가라는 말이 있다. 이제는 꼭 어디까지 급히 가야 한다는 조급함은 없다.

입구부터 소나무가 많아서 싱그럽기 그지없다. 완만하게 잘 정비된 산길을 꾸준히 올라가는데 벌써 내려오는 사람들이 있다. 부럽다. 이제는 마음을 다 비웠다고 생각했는데도 그동안 길들여진 조급함이 또 스멀스멀 기어 나온다. 한참을 가니 가파른 계단 길이 이어진다.

오랜만의 산행이라 그런지 숨을 헐떡이고 땀을 흘리며 전망이 트이는 곳까지 올라갔다. 해가 쨍쨍 내리쬐었지만 조망이 훤하여 막혔던 가슴이 툭 터진다. 산을 오르는 이유나 목적이 이것 때문인 모양이다. 내가 살아온 삶도 초반이 가장 어려웠지만, 몇 번의 시행착오와 혼란을 이기고 첫 발령을 받았을 때는 한라산 병풍바위에 오른 것 같은 느낌이었다. 들쭉날쭉한 기암괴석이 웅장한 병풍바위와 영실기암을 지나면서부터 다시금 평탄한 산길이 나타났다. 휘파람을 불며 거닐 만큼 편안한 등산로가 윗세오름 휴게소까지 계속되었다. 아래에서 보는 것과 실제로 오르면서 보는 산은 많이 다르다. 단지 정상에 서서 보는 것만이 중요한 것은 아니다. 내 발로 걸어 올라오면서 힘들고 고통스러웠던 시간을 견디어 이겨내고 얻은 그 기쁨은 말로 다할 수 없이 소중하다.

내가 지나온 삶의 여정도 등반과 비슷했다. 사글셋방에서 신혼을 시작하여 남매를 낳았다. 맞벌이를 하느라 가정부 손에 금쪽같은 자식을 맡겨 키웠다. 아내는 젖이 불어 애들이 보고 싶을 때면 화장실에서 불은 젖을 짜면서 울었다고 한다. 그렇게 어두운 터널 속에서도 방송통신대학교와 대학원을 졸업하고 벽지 생활 4년을 거쳐 교감 승진을 했을 때는 세상을 다 얻은 듯 벅차오르는 가슴을 주체할 수 없었다.

드디어 윗세오름에 도착하니 많은 사람들이 식사를 하며 쉬고 있다. 청명한 날씨와 더불어 주변의 장관에 다들 흡족한 표정이다. 우리나라에 이런 독특한 아름다움을 지닌 곳이 있다니 그저 벅찬 기쁨에 감탄사가 절로 나온다. 땀을 흘린 사람만이 누릴 수 있는 호사, 사발라면과 가져온 주먹밥으로 우리는 꿀맛 같은 점심을 먹었다.

"한라산 등반은 여기까지야!"라고 목소리를 높였지만 "계획한 것은 지키세요."라며 끈질기게 설득하는 아내의 말에 두 손을 들었다. 더구나 내가 공약한 다짐도 있고, '아내 말을 잘 들어야, 집안이 화평하고 남은 삶이 편하다'는 명언(?)을 되뇌며 남벽분기점까지 가기로 했다. 백록담은 영실코스에서 오를 수 없고 또 오르려는 의지도 없었다. 백록담을 더 가까이 보기 위한 발걸음은 그 넓은 조릿대 평원과 뭉실뭉실 피어오르는 안개의 장관 속에서도 무겁기만 했다. 한 시간여 사투 끝에 남벽분기점에 도착했다. 드디어 해냈다는 성취감에 뿌듯했다.

이제 내가 오른 한라산 8.2km를 통해,
40여 년 교직생활을 마무리하려고 한다.

아직도 100세까지 살려면 남은 세월이 길다. 인생 제2 막은 이제까지 살아온 길과 다른 새로운 도전을 계획하고 있다. 다행히 함께 퇴직한 아내가 있어 외롭거나 힘들지는 않을 것 같다. 한라산을 내려오는 길은 홀가분했다. 아쉬운 마음에 주차장으로 가며 잡은 아내의 손이 따뜻하게 느껴진다.

제 2 부

삶의 길목에서

삶의 토렴

날씨가 추워지니 따끈하고 얼큰한 음식이 먹고 싶어진다. 재래시장 한구석에 하얗게 김을 내뿜고 있는 국밥집은 그 곁을 지날 때마다 늘 식욕을 자극하여 발걸음을 멈추게 한다.

소문난 곤지암 국밥은 소머리국밥이다. 소머리를 여섯 시간 이상 푹 삶아 만든 육수에 머리고기, 우설을 넣고 야채와 양념을 첨가하여 만든다. 머리고기 편육과 우설의 쫄깃쫄깃함은 국밥의 식감을 좌우한다. 야채는 대파, 고사리, 박고지, 토란대를 넣고 양념은 소금, 고춧가루, 후추로 입맛을 맞추면 된다.

비타민 C가 많아 숙취에 좋다는 콩나물국밥은 전주 남부시장이 유명하다. 북어대가리, 멸치, 표고버섯, 대파, 청양고추를 삶아 우려낸 육수에 밥, 콩나물, 고춧가루, 오징어, 구운 김, 달걀을 넣고, 마지막으로 새우젓으로 간을 맞추면 더욱 맛이 있다.

따끈한 국밥의 핵심은 역시 토렴이다. 토렴은 국밥 재료를 따뜻하게 하는 과정이다. 뚝배기에 미리 준비된 국밥 재료를 넣고 뜨거운 국물을 커다란 국자로 부었다 따르기를 여러 번 반복한다. 토렴을 하면 잘 우러난 육수의 맛이 재료에 배이고 뜨거운 열기가 식어 있는 국밥 맛의 본능을 깨운다.

삶에도 토렴이 있다.

인천 사는 77세 이종일 씨는 3시 30분에 집에서 나와 고철을 줍는 할아버지다. 25년 전 쌀 10kg 세 포대로 시작한 기부가 현재는 124포대를 하고 있다고 한다. 큰돈은 아니지만 넉넉하지 않은 살림에 그것도 오랜 세월 기부한다는 것은 각박한 세상을 토렴하는 행위이다.

오늘도 이름 모를 어느 식당에서 세상에 지친 사람이 뜨겁게 토렴한 국밥을 먹고 있을 것이다. 한 그릇 국밥이나 조그만 기부가 삶이나 세상을 바꾸기는 어려울지 모른다. 하지만 여기저기서 따뜻한 말 한마디 사랑의 토렴이라도 더하여진다면 허기나 세상의 추위도 무섭지 않을 것 같다.

토렴의 근본정신은 사랑과 봉사이다. 자신의 뜨거운 사랑을 나누어 주어 국밥이나 세상을 따뜻하게 한다.

일본 식당에서 국물을 더 달라고 했다가 거절당했다. 참 민망하고 서운했다. 부족하면 서슴없이 더 요구하는 우리의 습관과 정해진 것 말고는 공짜가 없는 그들의 문화가 많이 다르다. 문화란 인간의 생각이나 행동의 생활양식이다. 그래서 문화는 지역, 시대, 계층, 직업에 따라 독특한 다양성을 가지고 있다.

그 사람 문화는 그가 살아온 인생 행적이며 그의 인상이다. 자신의 인생철학과 삶의 태도, 일의 습관, 행동양식의 반복에 의하여 차곡차곡 쌓여 형성되는 것이 인상이다

사람의 인상이 삶의 내일을 바꾸기도 하지만, 인상은 세월 따라 변한다. 좋은 인상이란 잘생긴 생김새만을 의미하는 것은 아니다. 그 사람이 살아 온 연륜과 흔적의 산물로 인품과 직결되어 있다.

갑질로 무너지는 사람이나 미투, 부패 권력에 얽혀 퇴장하는 사람도 하루아침의 잘못 때문이 아니다. 생각이 많아지고 말이 반복되면 쉽게 행동으로 이어지고 지울 수 없는 낙인이 되고 만다.

익숙하게 반복되는 것을 무서워할 줄 알아야 한다. 그냥 해본 말이나, 아니면 말고, 농담이란식의 말을 자주 해서는 곤란하다. 어쩌다 우연히 한 행동이지만 다른 사람에게는 그것이 내 인상이 되고 인격이 된다.

우리 문화는 술에 관대했다. 말, 행동, 폭력, 운전까지도 술 때문에 정신이 오락가락했다면 그럴 수도 있겠다고 여겼다라지만 갈수록 국물도 없는 세상이 되어가고 있다. 살인을 저지르고도 나이가 어려서, 정신과 치료를 받기 때문에, 술 때문이라고 말해도 더 이상 동정을 하지 않는다. 그렇게 죽은 사람이 너무 억울하기 때문이다.

세상이 바쁘고 각박하여 나처럼 운전이 좀 서툰 사람은, 서울에서 출퇴근 시간 때, 끼어들기가 쉽지 않다. 나가는 길을 미리 줄 서지 않고 늦게 들어가려고 깜빡이를 켰다가는 요란한 클랙슨 소리에 밀려

국물도 없다.

그래도 국물 있는 별난 사람도 있다. 며칠 전에 간 H식당 주인은 국물을 조금만 더 달라고 했는데 건더기까지 듬뿍 주었다. 좀 멀기는 하지만 또 가고 싶다. 날씨가 점점 추워지지만 토렴한 국밥 생각에 가슴이 따뜻해진다.

계절이 벌써 가네!

겨울이 물러가자 기다렸다는 듯이 화려한 벚꽃이 지천으로 피었다. 벚꽃은 잎도 나기 전에 성급하게 꽃 먼저 피워낸 탓인지 그 아름다움이 2주를 넘기지 못한다.

봄의 대표적인 꽃은 역시 벚꽃이다. '내면의 정신적인 아름다움'이라는 꽃말처럼 화려한 색깔과 종류도 다양해서 그 수를 다 기억하지 못할 정도이다.

봄은 화려한 만큼 그 기간이 너무 짧다. 겨울에 지친 사람들이 벚꽃 구경을 갈까 말까 잠깐 망설이는 순간 설레는 마음이 꽃비 되어 떨어지기 십상이다.

나는 아들 결혼 때문에 올봄은 마음에 여유가 없어 남들 많이 가는 윤중로에 아직 가보지 못했다. 내가 해야 할 일은 별로 없는데 축하 전화를 받을 때면 바쁜 척이라도 해야 부모 노릇을 하는 것 같아 속으로 참 민망했다.

사람의 젊은 시절도 벚꽃이 피는 시기처럼 매우 짧다. 배움의 길이 턱없이 길어지고, 군대에도 다녀와야 하고, 취업 전선이 치열해 이리저리 몇 년 헤매다 보면 30대 후반이 되고 만다. 그래서 요즈음 친구들 사이에서 효자의 첫째 덕목은, 부모 용돈 많이 주는 자식이 아니라, 재촉하지 않아도 스스로 빨리 결혼하여 독립하는 것이라고 이구동성으로 말한다.

어제 대학 시절 같은 반이었던 친구 P의 상가에 다녀왔다. 주일날 전달된 부고에 혼란이 많았다. P의 부친이 돌아가신 줄로 알고 있는 친구도 있었다. 지금까지 부친이 생존하신 것이라고 생각했기 때문이다. 그런데 비바람에 떨어진 벚꽃처럼 P 본인의 부고였다. 얼마 전에 시집도 내어 책 한 권 내지 못한 친구들의 기를 죽였는데, 갑작스런 부고를 받고 보니 너무 안타깝다.

비보 중의 비보였다. P는 올곧고 성실하게 교육자의 길을 걸어왔다. 불행히도 초임 교장 때 잘못 만난 행정실장이 사고를 쳤다. 교장은 직접적인 자기 잘못이 없어도 관리 책임이 있다. 결국 중임을 받지 못하고 명퇴한 것이 한으로 남아 병이 된 것 같다.

아름다운 벚꽃이 일찍 떨어지는 것처럼 P의 죽음도 너무 일찍 찾아와서 허망하게 여기는 친구들이 많았다. 더구나 '결혼도 하지 않은 장성한 아들을 둘이나 남겨 두고 어찌 눈을 감았을까?' 생각하니 마음이 아파서 돌아오는 길 내내 가슴이 먹먹했다.

봄인가 했더니 벌써 6월이다. 관모산 자락에 흐드러지게 피었던 아카시아꽃이 희미해진 향기만큼 빠르게 시들었다. 성급하게 꽃잎을 밀어낸 나뭇잎들이 뜨거워진 날씨만큼 푸름을 짙게 피워내고 있다. 신록의 잔치는 우리 아파트 단지에도 한창이다. 낮이 길어져 아침 5시면 날이 훤하다. 새벽을 여는 울타리에 빨갛게 핀 장미꽃들의 자태가 눈이 부시다. 오래된 장미는 꽃을 피워본 경험이 많아서인지 욕심껏 꽃송이를 피워냈지만 가느다란 가지가 꽃의 무게를 이기지 못해 휘청거린다. 6월은 여름의 시작인데도 무덥다. 벅차오르는 젊음을 이겨내지 못한 청춘들은 개장도 안한 해수욕장으로 달려간다.

여름은 날씨만큼 삶의 현장도 뜨겁다. 사연이 없는 인생이 어디 있을까? 삶의 현장에서는 각자의 인생 이야기를 쓰면서 살아간다. 자기 인생살이가 버거운 사람은 다른 사람 인생의 어려움을 경청할 여유도 없다. 취업 준비생은 오늘도 목숨 걸고 시험 준비에 여념이 없고, 경쟁이 살벌한 식당들은 호객 전단지를 돌리고, 번쩍이는 네온사인으로 정신을 쏙 빼고 있다.

우리가 살면서 더 묵직하게 기억하는 것은 즐거웠던 일보다는 슬프거나 고통스러웠던 일들이다. 꽃이 떨어진다고 슬퍼할 겨를이 없다. 꽃이 피고 지듯이, 예측할 수 없는 세상이나 우리의 삶도 때로는 즐겁고 때로는 쓸쓸하다.

4월이 지나가더니 6월이 오고, 여름이 한창이다. 햇볕이 뜨겁지만 그늘에 앉아 시 한 편 지어, 가는 계절을 전송한다.

장미꽃 그늘 아래
잠시 밥벌이 지겨움을 벗어 놓아 보렴

입던 옷 신던 신발 벗어 놓고
누구의 자식 누구의 부모도 내려놓고

호수 건너 불어오는 바람을 옷깃 열고 끌어안으며
따가운 햇볕에 살갗을 태우면

속절없이 빠른 계절이
가슴을 시리게 한다.

아! 내 자식

자식을 모두 출가시키고 우리 부부만 남으니 먹을 것도 특별히 챙기지 않는다. 먹던 반찬 한두 가지 꺼내놓고 홀짝 하는 버릇이 어느새 일상화되었다.

자식이 결혼하면 일 년에 서너 번 명절과 특별한 날만 온다는 말을 자주 들은 탓에 그러려니 하고 살려했다. 다행히 자식들 집이 20분 거리에 있고 부모인 우리가 아직은 건강하며 크게 부담이 없어서인지 주말에 자주 오는 편이다. 언제 온다는 말도 없이 집 앞에 와서 전화하고 불쑥 들어오는 행동이 많이 불편했지만 자식을 보는 부모 마음이 그보다 크고 좋아서 참을 만하다.

주말이면 약속이 없어도 바쁘다. 금요일은 정해진 일과처럼 장을 보러 코스트코에 간다. 자식들과 함께 먹을 음식과 챙겨줄 밑반찬거리, 생수나 과일 등을 사고 나면 자동차 트렁크가 가득하다.

토요일 아침부터 부산하게 청소하고 반찬 준비하며 상을 차리지만 귀찮거나 피곤하지도 않다. 더구나 아내와 오랜만에 할 말이 많아지고 협의도 잘된다.

딸은 더 기다리라는 내 부탁을 뿌리치고 결혼했는데, 아들은 등 떠밀며 재촉해도 늑장을 부려 마흔이 다 되어 겨우 부모의 소망을 들어주었다. 오죽했으면 방 얻어줄 터이니 나가라고 미운 소리를 밥 먹듯이 했을까. 휴일에 나가지 않고 자기 방에서 잠을 자거나 컴퓨터를 하고 있으면 속이 터질 때가 한두 번이 아니었다.

가끔 야간 근무를 마치고 자기 집에 가려다 며느리가 출근하고 없어 우리 집 자기 방에서 낮잠이라도 자는 날에는 아내의 얼굴에 웃음꽃이 핀다. 속이 터진다고 그렇게 야단이더니, 가만히 방문을 열고 몇 번이나 잠자는 모습을 보고 나온다. 자식은 다 컸어도 자식인 모양이다.

현직에 있을 때 문제만 터지면 단골로 출연하는 사고뭉치였던 그 녀석의 어머니는 늘 입에 달고 사는 멘트가 있다. “친구를 잘못 만나 내 아들이 나쁜 길로 빠졌다.” 나쁜 길로 빠진 것은 맞다. 그런데 그 원인은 친구가 아니라 그 어머니의 아들 때문이라는 것이 관계된 선생님들의 공통된 의견이었다. 하지만 어느 한 사람도 진실을 말하지 못했다. 섣불리 입 벙긋했다간 애꿎은 피해자가 더 힘들어지고, 학교가 난장판이 되는 것을 알기 때문이다. 운 좋게도 내가 근무할 때는 그 녀석이 사고로 다리가 부러져 장기 입원한 상태라 잘난 내 능력(?)을 검증할 기회가 없었다.

그 어머니의 자식 사랑은 누구도 따라가지 못할 것 같다. 다만 먼

앞날을 내다보지 못한 것이 안타까울 뿐이었다. 들리는 풍문에 그 녀석이 결국 고등학교도 졸업하지 못하고 사회인이 되었다고 한다. 그 어머니를 생각할 때마다 안타까운 마음이 들고, 지금은 녀석도 내 아들처럼 정신을 차렸을 것이라는 기대를 해 본다.

프랑스 라퐁떼느 우화집에 나오는 이야기다. 독수리와 부엉이가 한 동네에 살았다. 그 동네는 우리가 사는 곳보다 조금 못했던지, 초등학교에 다니는 자식들에게 점심을 가져다준다. 갑자기 일이 생긴 부엉이 엄마가 독수리 엄마에게 부탁했다.

"잘 생기고 똑똑하며 멋있는 내 아들에게 점심을 좀 전해 주세요."

그런데 세상에 이런 일이! 멀쩡했던 부엉이 아들이 다 죽어가는 모습으로 집에 돌아왔다. 점심을 굶어서란다. 보이는 것도 섣불리 믿어서는 안 된다. 똑똑하다고 믿었던 독수리 엄마에게 따졌더니, 그런 아이는 없었단다. 어처구니가 없는 부엉이 엄마가 아들을 보여주었더니, 독수리 엄마는 입을 짝 벌리고 말을 않더란다. 아무리 봐도 부엉이 엄마가 말한, 잘 생기고 멋있는 그 아들은 아니었다. 그렇다고 콩깍지 뒤집어서 진실을 증명할 수 없기에 속으로만 앓고 말았단다.

키우던 소를 팔아 대학 등록금을 마련하던 시절이 있었다. 부모처럼 가난한 삶을 자식에게 물려주고 싶지 않아 세계 어느 나라보다 교육열이 높았다. 학사모가 직장을 보장하던 시절이라 자식의 학사모를 위해서는 기꺼이 당신들의 재산목록 1호를 시장에 내놓았다. 오죽했으면 쑥쑥 올라가는 대학 건물을 '우골탑'이라 풍자했을까?

이제는 대학 등록금이 1천여 만 원이 된다고 하니 소 팔아 등록금을 마련한다는 말을 하면 '소가 웃을 일'이 되고 말았다. 요즘은 재산 목록 1호가 소에서 아파트로 변했다. 그래도 경기가 좋고 아파트 시세가 금리를 넘어설 때는 아파트가 자식 학비를 위해 마지막 담보가 되기도 했다.

지금은 달라졌지만 한때는 경기가 침체되자, 허리띠 졸라매고, 대출이자에 전전긍긍하며 마련한 아파트도 더 이상 우리네 부모의 마지막 기둥이 되지 못하고 애물단지로 전락했던 때도 있었다. 그렇게 키운 자식들은 지금 어디에 있을까.

세상이 바뀌어도 너무 빠르게 많이 바뀌었다. 학사모만 쓰고 나와도 먹고살 수 있었는데 지금은 고등학교 졸업생 85% 이상이 대학에 간다. 대학을 졸업시키기까지 자식 하나에 투자하는 비용이 4억 원이라는 말도 있다. SKY란 간판도 이젠 약효가 많이 떨어졌다. 3수 4수를 해서 겨우 잡은 직장을 구조조정이라는 이름으로 한창 나이 50도 되기 전에 떠밀려 나온다. 그뿐이 아니다. 성공한 자리의 기쁨을 '갑질'하다 쫓겨나가고, '미투'라는 이름으로 잊고 산 기억이 뒤통수를 때리기도 하는 것이 현실이다.

그러고 보니 소 대신 멍에를 매었던 부모님을 부양하지도 못할 뿐만 아니라 일 년에 한두 번도 고향에 가지 못하는 사람이 많다. 그들이라고 부모의 은혜를 모르겠는가. '눈에서 멀어지면 마음도 멀어진다'는 말처럼 눈앞의 내 자식이 부모보다 급박하니 남모르게 가슴만 시커멓게 타들어 갈 뿐이다.

아침을 거르며 출근하여 밤늦게 퇴근하는 생활이 일상이다. 주말에도 피곤한 몸을 이끌고 자식 데리고 놀이공원, 쇼핑, 체험학습을 전전하다 보면 서로 다른 의견 하나에도 부부는 목소리가 커지고 상대방에게 상처를 주며 살고 있다.

엎친 데 덮친 격으로 청년 일자리가 없어, 온 힘 다해 키운 자식이 백수를 넘어 5포 세대(취업, 결혼, 출산, 내 집 마련, 인간관계)가 되어 독립하지 못하고 늙은 부모에 얹혀살고 있다. 더 나아가 대학원 진학이나 유학을 말하는 자식이 있으면 간 떨어져 치매에 걸릴 위험성이 높다는 전문가의 경고(?)가 있으니 큰일이다.

자식의 내일은 늘 걱정이다. 그렇지는 않겠지만 하나 남는 내 아파트를 자식이 넘보기라도 하면 큰일이다. 내 아파트가 불안해서가 아니라 자식의 삶이 힘들다는 사실 때문이다. 안 보면 서운하고 볼 때마다 잔소리하는 자식 사랑이 끝이 없고 힘들다.

김밥

“간단히 김밥이나 먹자!”라고 말했다가 “김밥이 그렇게 간단하지 않다.”며 아내에게 상당히 오랫동안 잔소리를 들었다. 김밥, 불고기, 비빔밥, 통닭은 우리나라 사람들이 좋아하는 음식이다. 나는 그중에서도 언제 어디서나 쉽게 먹을 수 있는 김밥을 좋아한다.

김밥은 재료에 따라 치즈 김밥, 소고기 김밥, 참치 김밥 등으로 불린다. 또 싸는 방법에 달라 누드 김밥, 삼각 김밥, 꼬마 김밥, 충무 김밥으로 불리고 가격도 차이가 많이 난다. 단무지, 계란, 시금치, 오이, 당근이 들어가는 가장 일반적인 김밥은 담백한 맛이 있고 가격이 저렴해서 가장 많이 먹는. 김밥을 썰어 한 줄씩 호일에 둘둘 말아 놓으면 컴퓨터를 하거나 운전하는 사람이 무척 선호한다.

편리한 만큼 부작용이 있다. 호일을 조금씩 벗겨가며 먹으면서 일을 하다보면 몇 줄이나 먹었는지 모를 때가 많이 있다. 아내가 질색하는 한계는 두 줄이다. 더구나 아내가 영어를 배우러 가는 수요일에는 어쩔 수 없이 점심은 혼자 먹어야 한다. 먹을 것이 없어 쓸쓸한 것이 아니라 무언가 허전하여 김밥 두 줄과 라면까지 끓여 먹다 보면 과식하기 십상이다.

김밥 이야기만 나오면 눈물을 글썽이는 친구 J가 있다. 그는 보릿고개를 걱정하던 시절을 살아온 사람이다. '항문이 찢어진다'는 가난한 가정에서 자랐기에 어린 시절 이야기만 나오면 할 말이 많다. 목구멍이 포도청이라 살기 위해 무엇이든지 먹어야 했다. 소나무 속껍질을 벗겨 삶고 물에 불려 죽을 쑤어서 먹은 사람들은 변비로 항문이 막혀 찢어지고 피를 흘렸다.

세월이 40년이 지났지만 J는 초등학교 3학년 봄 소풍을 잊지 못하고 자주 말한다. 아이들이 철이 없기는 예나 지금이나 같았던 모양이다. 소풍 가는 날이 마냥 신나는 자식과 달리 J 어머니는 소풍 도시락 때문에 남몰래 한숨을 쉬고 가슴을 쳤다. 식구는 많고 형편이 어려워 끼니가 힘들었지만 하나뿐인 노란 양은 도시락에 보리밥과 신 김치를 싸 주셨다. 그 시절에도 김밥은 있었고 더 잘 사는 친구들은 찐 계란과 콜라까지 가져왔다. 점심시간에 도시락을 열어본 J는 창피하고 화가 나서 점심을 먹지 않고 그대로 가져가 마루에 던져놓았다. 저녁때 일에 지쳐 돌아온 어머니가 그 도시락을 보고 가슴에 한이 맺힌 기억을 만들고 말았다. 울며 때리는 어머니와 아파서 우는 자식의 울음소리가 오랜 세월이 흘렀어도 김밥만 보면 지금도 들려온단다. 그때는 어머니가 우는 이유를 몰랐지만 무조건 잘못했다고 빌었다. 서럽고 질긴 엄마의 울음소리 끝에 피멍이 든 종아리에 침인지 눈물인지 모를 물을 발라 주신 그 마음을 부모가 된 다음에 알았단다. J는 지금도 김밥을 먹으면 목이 메고 눈물이 나오는 까닭에 한 줄도 다 먹지 못하고 엎드리고 만다.

나는 교대 다닐 때 2년간 RNTC 학군단으로 생활했다. 여름방학 때면 31사단에 들어가서 3주간 군사 훈련을 받았다. 이른 새벽부터 저녁 늦게까지 명령에 따른 복종을 반복하다 보면 그 기간이 그렇게 길 수가 없었다. 그동안 식사는 묵은 내 나는 짬밥을 그것도 30초 안에 교관의 명령대로 "식사 완료!"를 외쳐야 했다.

국방부 시계는 쉬지 않고 돌아간다더니 훈련 마지막 주에 교대 우리 반 여학생들이 위문을 왔다. 정성을 다해 준비했다는 김밥이, 볼품은 없었지만 기가 막히게 맛이 있어, 지금도 그 맛을 기억하고 있다. 맛있는 김치는 질겨서 다 씹지도 못했는데 자꾸 넘어간 탓에 목이 메었다. 다른 세상 이야기에 풀어지고 오랜만에 포식한 대가는 면회가 끝나자마자 정신훈련이라는 이름으로 톡톡히 치렀다. 오죽했으면 시키지 않았는데도 "아들 낳지 말세, 자네 말이 맞네!"하며 구령을 힘차게 불렀을까. 팔꿈치와 무릎이 벗겨지는 악명 높은 낮은 포복이라도 해서 집에 갈 수만 있다면 서로 1등을 하겠다고 다투기도 했다. 벌써 세월이 40년이 지났지만 친구들이 만나면 그때 김밥 맛을 잊지 않고 이구동성으로 말한다.

어제는 먹기만 했던 김밥을 내가 만들었다. 걸작을 만들어 보겠다는 욕심이 컸다. 창의적인 볶음 김밥을 만들어 보기로 했다. 밥과 당근, 햄, 양파, 단무지를 잘게 썰어 식용유로 살짝 볶았다. 바삭하게 구운 김 위에 볶은밥을 넓게 편 다음 대발로 말았다. 여기까지는 순조롭게 잘 되었다. 이제 먹기 좋게 칼로 썰면 된다. 그런데 김밥 옆구리가 자꾸 터지고 만다. 맛은 있는데 모양이 엉망이다. 비주얼을 중요시하는 아내는 "실패한 김밥이네요!"하고 야박한 평가를 내렸다. 자식들은 가게에서 파는 김밥보다 아빠 김밥이 더 맛있다고 설레발을 친다. 자식들이 아빠의 체면을 세우기 위해 김밥은 모양보다 맛이 중요하다고 강조한다. 눈치만큼 다 자란 자식들이 고맙다. 이제 김밥 만드는 일을 자식들에게 맡겨도 좋을 것 같다.

김밥을 먹으면 늘 힘들게 낮은 포복을 하던 젊은 시절이 떠오르고 친구 J의 목이 멘 울음소리가 들린다.

신리쯔 가는 날

'신리쯔'는 헤어숍이다. 부천으로 이사 와서 이용하기 시작했으니 벌써 4년이 넘었다. 남자의 머리도 한 달에 한 번은 자른다. 옛날에 남자는 이발관, 여자는 미용실에서 머리를 손질했다. 내가 미용실을 이용하기 시작한 것은 50대 초반쯤 된다. 처음에는 조금 쑥스러웠는데 머리 스타일이 좋아졌다는 아내의 칭찬에 용기를 내다보니 이젠 익숙해졌다.

하루를 기분 좋게 지내려면 목욕을 하고, 일주일이 즐거우려면 머리를 손질하며, 일 년을 행복하기 위해선 결혼을 한다는 말이 있다. 그런데 머리를 잘못 손질하면 거울을 볼 때마다 마음이 불편해진다.

결혼 초에는 돈을 절약하려고 아내가 면도날이 달린 빗으로 머리를 자르고 바느질 가위로 다듬어 주었다. 많은 사람이 그 시절에는 그렇게 했지만 사랑은 어떤 것도 참아낼 수 있었다. 가는 세월 따라 머리도 흰색이 늘어났다. 한두 개 생긴 것은 새치라는 이름으로 뽑았지만 쉰 살을 넘기자 뽑는 것이 번잡스러워 염색을 했다. 처음에는 아내가 해 주었는데 어쩌다 혼자서 한 것이 익숙해져 이제는 나 홀로 행사가 되었다.

생일을 핑계로 '신리쯔'에서 염색을 했는데, 오랜만에 만난 지인들이 젊어졌다고 많이 부러워했다. 나이 든 사람에게 흔히 하는 칭찬이지만 기분이 좋아서 "거금 4만 원을 투자했다."라고 자랑했다.

'신리쯔'는 직원이 9명이나 되는 제법 큰 헤어숍이다. 처음에는 정해놓은 미용사가 없었는데, 나이 든 분이 해줄 때가 마음이 편했다. 알고 보니 원장이었다. 어떤 가게를 가더라도 사장님이 직접 서빙을 해주면 고객의 기분이 좋아진다. 그래서 외판을 하는 회사의 직책은 대부분 책임자처럼 높게 명함에 쓰여있다.

여기에도 원장 급 50대 세 분, 20대 중반 남자 두 명, 30대 여자 두 명, 두 명의 여자 알바가 있다. 두 번째로 염색한 오늘은 조금 비중 있는 고객이 된 것 같다. 고객 이름과 전화번호, 담당자를 기록하고 관리한단다.

머리를 보면 그 사람의 성격을 짐작할 수 있다. 나처럼 2:8 오른쪽 가르마에 스프레이로 세팅을 하는 사람은 범생이에 조금 깐깐한 성격이라 한다. 짧게 자른 스포츠형 머리를 좋아하는 사람은 화끈하지만 터프한 면이 있고 형식을 싫어하는 사람이 많다.

염색을 하면 불편할 때도 있다. 친구 S는 천성적으로 머리숱이 많고 시꺼먼 탓에 나이를 대여섯 살 아래로 말한다. 그래서 머리를 자르러 가서는 나이가 들어 보이게 잘라 달라고 부탁한단다. 이런 S가 아무 곳에서나 나에게 말을 막 놓은 탓에 난처할 때가 많다.

내 머리는 숱이 많지 않고 굉장히 부드럽다. 머리를 감을 때마다 빠지는 머리카락 때문에 걱정이 되긴 하지만, 아직 대머리 단계는 아니다. 스프레이로 머리를 세팅하지 않으면 바람에 날려 쑥대머리가 된다. 기왕에 염색한 김에 화장도 한다. 하지만 검버섯 제거한다는 이유로 멀쩡한 얼굴을 레이저로 지져대지는 않는다. 그래도 검은 피부를 싫어하는 마나님 때문에 골프라도 치는 날은 선크림을 하얗게 발라서 완전 변장을 시도한다. 머리에 물을 들이고 화장하고, 선글라스를 쓰면 잘 아는 사람도 헷갈려서 낯선 사람 취급을 당할 때도 있다.

세월이 지나도 나이로만 늙어가는 사람이 있다. 얼굴이 동안이거나 관리에 시간과 노력을 많이 투자한 사람이다. 부럽기도 하지만 엄밀히 말하면 자연의 순리를 거역한 셈이 된다. 어쨌든 나도 염색을 한다. 나보다 어리지만 강모 장관은 하얀 머리에 팽팽한 피부로 보기에도 무언가 있을 것 같고, 은은하게 풍겨오는 세월의 흔적이 아름답게 보인다.

혼란한 세상을 살아갈 때 누군가 그 이름만으로도 맺힌 것을 풀어주고, 쓰러져 일어날 힘이 없을 때 손잡아 줄 수 있는 어른이 있기를 바란다. 우리는 너무 많은 것을 잃고 산다. 모두가 존경했던 분들은 이미 세상에 없고, 나를 믿어 달라고 큰소리치는 분들의 뒷모습은 너무나 실망스럽다.

나도 어느새 이름과 손을 내밀어야 하는 나이가 되었다. 지금껏 살아온 내 삶의 궤적이 아직 너무 부족하고 부끄럽다. 언젠가 겉모습이 아닌 내면이 충실한 당당한 어른이라는 자신감이 생기면, 염색하지 않는 백발의 아름다움을 선보이고 싶다.

개인 정보 보호라는 친절한 인권 덕분에 익명의 그늘은 넓어져 부끄럼도 사라지고 뻔뻔함만 극성을 부린다. 하찮은 염색 하나로 유예한 어른의 참모습을 어서 빨리 되돌려야겠다. 오래 살려면 자연의 법칙대로 늙어가고 더 익어가야 할 것 같다. 특별히 꾸미고 외출할 일도 없는데 오늘 너무 과한 지출을 했는지도 모르겠다.

못 말리는 간식

“야, 맛있다! 나는 이런 맛에 산다.”

요즈음 삼시 세 끼를 다 찾아먹는 사람이 많지 않다. 늦게 일어나 아침을 거르고 출근해서, 점심은 회사에서 해결하고, 저녁에는 회식을 자주 하다 보니 집 밥은 쉬는 날에나 먹는단다.

친구들과 회식자리에서, 사람이 먹기 위해 사는 것인지, 살기 위해 먹는 것인지를 논쟁한 적이 있다. 뻔한 결론이 날 것이라 생각했는데 의외로 먹기 위해 산다는 사람이 많았다.

날마다 먹는 음식을 별생각 없이 때가 되면 습관처럼 먹는 사람이 많다. 대박집이나 맛 집만을 찾아다니는 사람은 먹기 위해 사는 사람 같지만 힘들게 일한 피로를 맛있는 음식으로 푼다고 한다.

맛있는 음식은 무언가 다르다. 독특한 맛이 있거나 분위기, 음악, 조명, 동반자, 심지어 ‘귀르가즘(귀+오르가즘)’이라고 귀에 들리는 소리가 맛을 결정하기도 한다. 그래서일까, 음식 때문에 삶의 방향이 달라지거나 태도가 변하여 한 끼에 목숨을 걸듯 맛있게 먹으려는 사람도 있다.

그들이 말하는 음향 양념 이야기에 공감이 많이 간다. 경쾌한 음악은 단맛을, 고음의 음악은 신맛을, 신나는 음악은 짠맛을, 부드러운 음악은 쓴맛을 더 잘 느끼게 한다. 반면 시끄러운 소리는 단맛을 덜 느끼게 만든다. 또 자꾸 손이 가는 원망스러운 간식은 빨간 그릇에 담아두면 빨간색이 회피 본능이 있어 손이 덜 간다. 또 음식에 조명을 비춰 더 달게 느껴지게 하거나 음식의 국적에 맞는 음악을 들려주면 더 맛이 있다고 생각한단다.

나는 속전속결 스타일이다. 많이 먹지는 않지만 허겁지겁 너무 빨리 먹기 때문에 품위가 없다고 아내가 듣기 싫은 소리를 자주 한다. 초대받아 간 식사 자리에서 맛있게 양껏 먹었는데 너무 일찍 젓가락을 놓는 바람에 주인이 자꾸 권하여 사양하느라 힘들다. 더구나 음식을 입에 넣으면 한 번에 30번을 씹는다는 사람을 만나면 그냥 있을 수 없어 보조를 맞추다 보면 배보다 배꼽이 더 커져 과식을 하게 된다.

사람의 얼굴 모습이 다르듯이 식성도 제각각이다. "아버지는 정말 못 말려요."하고 자식들이 타박하는 특별한 식성이 하나 있다. 많은 사람이 좋아하는 고등어를, 나는 유독 고등어 대가리를 즐겨먹는다. 묵은 김치를 넣고 푹 조리면 가시나 뼈까지 흐물흐물해진다. 버릴 것이 하나도 없고 말로 표현하기 어려운 고소함과 깊은 맛이 매력적이다.

특별히 좋아하는 이 음식을 먹으면 어머니가 그리워진다. 그때 그 시절의 추억이 살아오고, 싸하게 저려오는 아픔 속에 그리움이 사무쳐 온다. 회갑을 지나 손자를 둔 나이가 되었어도 어머니는 고등어 대가리 조림 속에 살아있다.

결혼한 아들 얼굴이 통통하고 뽀얗게 살이 올랐다. 잘 먹고사는 것 같아 며느리를 칭찬했더니 저녁 늦게 간식을 많이 먹어서 그렇단다. 간식은 끼니와 끼니 사이에 간단히 먹는 음식이다. 삼시 세끼보다는 적은 양을 먹지만 한창 자라는 유치원생들은 간식이 정식 프로그램에 포함되어 있다. 군것질과 간식은 조금 다르다. 군것질은 영양이나 끼니를 목적으로 하지 않고 입이 심심하거나 소일거리로 먹는 경우가 많다. 간식이 꼭 필요한 사람이 있다. 육체노동을 하는 사람들은 체력소모가 많기 때문에 일하면서 간식을 먹는다. 군것질이나 간식은 세 끼 밥맛을 떨어뜨린다. 더구나 밤늦게 먹는 야식은 비만을 불러오거나 위장병을 유발하기도 한다. 그런데도 야식을 많이 먹고 야식 시장이 성황인 것은 세 끼 밥보다 자극적이며 입맛을 유혹하는 매력이 들어 있기 때문이다.

인생에 간식이 있다.

한 우물을 파면 지루하지만 성공 확률이 높다. 또 너무 간식에 맛을 들여, 가던 길을 멀리 돌아가거나 패가망신 하는 사람을 보았다. 자기는 사랑이었다 하지만 가정까지 버릴 마음이 없었던 것을 보면 알파가 추가된 일탈한 간식쟁이로 보인다. 한때 유행처럼 번졌던 연예인의 정치 나들이도 간식 놀이였던 것 같다. 정치에 다양한 재료를 공급하기는 했지만 얼굴과 마음을 따로 하는 일이 다반사인 정치판에서 오래 견디지 못했다.

간식에도 법칙이 있다. 너무 늦은 나이에 빠져들면 돌아오기 힘들다. 또 맛있다는 맛 집을 모두 탐험하려다가는 돈이나 가정, 직장을 모두 잃을 수도 있다. 간식은 간식이어야 한다. 간식을 세끼 상에 올려놓으면 주객이 전도되어 끼니가 제구실을 못하게 된다. 한 번이 두 번이 되고 그게 습관이 되면 그 사람의 식탁이나 인생은 회복이 불가능해진다.

더 늦기 전에 못 말리는 간식을 잘 조절할 일이다.

자충수

무더움에 잃어버린 입맛을 찾고자 삼계탕을 끓여 먹었다. 곧 온다던 아들을 기다리며 사흘을 냉장 보관했던 닭이었다. 몸에 좋다는 인삼, 마늘, 대추, 당기 등을 한껏 넣었다. 맛있게 양껏 먹었는데 욕심이 너무 과했던지 이번 묘수가 자충수가 되었다. 1.5㎏의 다이어트 효과를 가져왔지만 만나는 사람마다 “어디 아프세요?”하고 묻는 인사말에 없는 병이 생기려고 한다.

자충수란 바둑에서 자기가 놓은 돌로 자기의 여유 수를 줄여 불리함이나 자멸을 자초하게 한다는 뜻이다. 실언을 하여 제 스스로 자신을 궁지로 몰아넣는 경우나, 축구경기에서 자주 일어나는 자살골과 같은 경우이다. 자충수는 성격이 급하거나 욕심이 과할 때 많이 둔다.

그러고 보니 지인 C의 경우가 딱 그 짝이다. 정년퇴임하고 시간과 경제적 여유가 생겼다. 아들 둘은 아직 결혼 계획이 없고 부인이 현직에 있으니 환상적인 백수다. 그래서 시작한 주식이 쏠쏠하여 소일거리를 넘어섰다. 하루에도 천만 원 단위가 오르락내리락하지만 늘 즐거움이 얼굴에 드러났다.

주식은 끝을 보아야 안다고 하더니 요즘 C의 얼굴이 죽상이다. 과감하게 일본계 회사에 올인하였는데 아베의 자충수 여파가 C에게 쓰나미가 되었다. 기다리면 된다고 위로의 말을 했지만 아베의 고집은 끝이 안 보여 C의 아들 세월이 힘들게 보인다.

지난주 토요일에 가을무와 배추를 심었다. 농장 없는 사람과는 수준이 안 맞아 말이 통하지 않는다고 자주 허세를 부리고 있다. 기껏해야 10평 주말농장, 그것도 절반은 처남에게 양도했다. 농장에 가 보니 올 해는 비가 자주 와서 풀이 너무 자라 가슴이 탁 막혔다. 풀을 베고 삽으로 땅을 파서 뒤집느라 1시간을 작업했더니 눈앞이 노래졌다. 겨우 배추 모종 40포기, 무 씨앗 30 구덩이에 점뿌림하여 심었다.

신발과 옷이 흙투성이가 되어 신경 써서 씻고 집에 갔는데 아내가 창백한 내 얼굴을 보고 야단이다.

"아이고, 당신 쓰러지겠네! 고생하고 돈이 더 드는 주말농장을 왜 하는지 정말 모르겠어요."

걱정하지 말라며 그냥 넘어갔으면 좋으련만, 나도 모르게 자충수를 또 두었다.

"주말농장은 고급 취미랍니다. 취미가 고급일수록 돈이 많이 든다는 말 들어보지 못했어요?"

결국 자식들까지 동원한 아내의 강수에 백기를 들었다. 내년 주말 농장을 심각하게 고려해 보기로 약속하고 말았다.

올해는 자충수를 두는 사람이 눈에 많이 띈다. 경제가 어렵고 총선이 가까워지고 있다. 나이 들면 현명해진다는 말이 무색하게 욕심에 눈먼 사람이 많다. 빠진 살은 머지않아 돌아오지만 잘못 건넌 다리는 평생을 두고 후회하게 된다.

어느 성공한 목사님의 간증이다. 개척교회 시절에 예배에 늦게 참석한 성도와 있었던 일이다.

"그렇게 교회 오려면 차라리 오지 마세요."

"그러잖아도 교회 때려치우려고 합니다."

그런데 지금은 그런 성도에게 하는 말이 달라졌단다.

"무척바쁘신가 봅니다. 이렇게 늦으면 교회에 빠지기 쉬운데 오시는 것을 보니 믿음이 좋습니다."

그 성도 그다음 주일부터 일찍 나오고 있다고 한다. 같은 마음이지만 지적이 다르면 결과도 달라진다. 긍정적인 지적은 긍정적인 결과를 만들고, 부정적인 지적은 자충수가 되어 반발심만 키우고 만다.

국민들의 신임을 얻어야 주어지는 권력을 위해 싸우는 정치인이지만, 너무 가파른 말들이 오히려 자충수가 되고 있다.

누구를 탓할 것도 없다. 말로 밥을 먹는 교육자인 나도 무심코 잘못 뱉은 말 때문에 긴 터널을 지나야 했다.

누군가 말하더라. 거친 말은 뜸을 들이라고. 설익은 밥도 조금 더 기다리고, 밥통 속에 넣어두면 먹을 만해진다는 것을 안다. 어렵겠지만 하고 싶은 말을 더 오래 마음속에서 뜸을 들여야겠다. 그래야 성급한 자충수를 두지 않을 것이다.

벽오동 심은 뜻은

옛날에는 딸아이를 낳으면 오동나무를 심었다. 빨리 자라는 오동나무를 아이와 함께 잘 키워서 혼사 때 장롱 한 채 지어주기 위해서란다. 오동나무는 우리나라에서 저절로 자라는 나무 가운데에는 남부지방의 팔손이와 함께 가장 넓은 잎을 가진 나무다.

잎이 오동나무와 닮은 까닭에 헷갈리는 나무로 벽오동이 있다. 줄기에서 푸른빛이 돈다 해서 푸를 벽(碧)자를 쓴 벽오동 잎은 오동나무 잎의 생김새와 크기가 매우 비슷하다. 그런 이유에서 벽오동과 오동나무를 그냥 '오동'이라고 쓰기도 한다.

그러나 벽오동은 오동나무와 전혀 다른 나무다. 넓은 잎 외에는 닮은 것이 없다. 그래서인지 나무를 심은 이유도 달랐다. 벽오동을 심는 데에는 특별한 목적이 있다. '벽오동 심은 뜻은 봉황을 보잤더니, 어이타 봉황은 꿈이었다 안 오시뇨…' 노래 속에 나오는 전설 속의 새인 봉황을 보기 위해서다.

봉황은 오로지 벽오동에만 보금자리를 틀고, 대나무 열매를 먹으며 산다고 한다. 그 봉황이 나타나면 세상에는 태평성대가 온다고 사람들은 믿었다. 결국 벽오동은 세상에 태평성대가 오기를 기다리는 마음으로 심는다는 말이다.

오늘 아침 우리 부부는 미역국을 먹었다. 분가한 아들의 생일이 오늘이다. 둘이 미역국을 먹으니 그토록 갈망해서 떠나보낸 자식이 많이 생각났다.

많은 사람 중에서 사랑이라는 이름으로 인연을 만들어 가정을 이루었다. 오랜 기다림과 벗은 신을 다시 신지 못할는지도 모른다는 두려움, 진한 고통을 감수하면서 자식을 낳았다. 자식이 어렸을 때 생일이 되면 생일잔치상을 차리고 먹고살기에 빠듯한 주머니를 쥐어짜서 생일 선물도 마련했다. 웃고 좋아하는 자식을 보면 언제 갚을지도 모르는 맹목적인 자식 사랑이 그냥 좋았다. 자기가 생일의 주인공이라 생각한 자식은 해마다 생일상을 당연한 듯이 받다가 자식이 자식을 낳고 나서야 부모의 은혜를 생각한다.

생일에 미역국을 먹을 때마다 생일의 의미를 다시 생각하게 되었다. 축하하는 마음이야 변함이 없지만 생각 없이 먹었던 미역국이 가슴에 걸렸다. 생일날의 상징인 미역국은 자식보다 열 달의 기다림과 출산의 고통을 위로하는 엄마를 위한 것이었다.

"그것도 못해주면서 왜 나를 낳았어요?"하고 따지는 자식이 많은 세상이다. 자식에게 세상살이 의견을 묻지 않는 책임이 부모에게 있는지는 모르겠다. 그래서 먹이고 입히며 가르치느라 은퇴 후에는 남는 것이 거의 없다.

나를 낳아준 부모를 위한 효도는 별 것이 아니다. 눈먼 아버지를 위해 인당수에 몸을 던진 심청이나, 신장이 나쁜 부모를 위해 신장을 이식해 주는 엄청난 효도를 바라지는 않는다. 편식 않고 밥을 먹는 것이나 공부 열심히 하는 일은, 자식 본인을 위한 일이지만, 부모에게는 효도가 된다. 자식이 결혼해서 손자를 낳으면 '미친놈'이라는 말을 들어가며 허리가 구부러지고 어깨 관절이 망가져도 손자를 돌본다. 제발 조금 어렵다고 늙은 부모에게 손을 내밀지 않았으면 좋겠다. 있든지 없든지, 주고 나서 내일 당장 굶더라도 자식에게는 더 주고 싶은 것이 부모다.

내년 생일을 위해 핸드폰도 조심해서 쓰고, 취미로 하는 주말농장에서도 과로하지 않으려 노력하고 있다. 이제 자식에게 줄 수 있는 것은 별로 없다. 그들이 믿음 안에서 자족하며 살 수 있게, 남은 삶을 건강하여 자식에게 짐이 안 되기를 항상 기도하고 있다.

생일에 먹는 미역국에도 벽오동 같은 깊은 뜻이 있다. 집을 떠난 자식들이 자기 생일에 미역국을 못 먹었다고 속상해하는 것을 자주 본다. 요즈음은 미역국 대신 케이크가 자리를 차지하고 있어 미역국의 의미가 봉황을 닮아가고 있다. 자식들은 자라면서 부모의 은혜를 잊고 산다. 열 달의 기다림, 죽었다 다시 깨어난다는 출산의 고통, 자식이 홀로 설 때까지 뒷바라지에 짓무른 어머니의 손을 기억하라는 것이 미역국의 숨은 뜻이다.

벽오동을 오동나무로 오해하는 것처럼 생일 때 먹는 미역국을 먹는 의미가 퇴색해 가고 있다. 그래서 우리 집은 자식들이 오면 생일이 아니어도 미역국을 자주 끓인다. 자식들이 그 의미는 잘 모르는 것 같지만 미역국은 잘 먹는다. 이제 자식이 자식을 낳았으니 벽오동 심은 뜻을 통해 미역국의 의미를 알았으면 좋겠다.

인생, 그 길에서 변명

TV에서 전하는 사건 사고 소식을 들을 때마다 혀를 차면서 가슴을 쓸어내린다. 속 좁은 이기심에 사건의 당사자가 아닌 사실에 안도하고 가족들에게 조심하라며 잔소리를 억제하지 못한다.

누구나 안전하고 평안하며, 억울하고 황당한 사고가 없는 삶을 소망한다. 화재나 묻지 마 폭행을 당했다는 사람의 소식을 들을 때마다 누군가 지켜준 나의 안전을 생각할 때가 많다.

〈버스 44〉는 중국에서 상영된 영화 제목이다. 2011년, 중국 시골길에서 여성 기사가 운전하는 버스가 산길을 넘고 있었다. 강도 두 명이 승객의 금품을 빼앗고 여성 기사를 성희롱했다. 승객들은 모두 모른 척하고 있는데, 어떤 중년 남자가 강도를 말리다가 심하게 얻어맞았다. 강도들이 버스를 세우고 여성 기사를 숲으로 끌고 들어갔다. 한참 뒤에 돌아온 여성 기사는 아까 강도를 제지했던 중년 남자에게 다

짜고짜 내리라고 말했다.

"아까 난 도와주려고 하지 않았어요?"라며 중년 남자가 항의했다. 그러나 기사는 소리를 지르며 "당신이 내릴 때까지 출발 안 합니다." 라며 단호하게 말했다. 중년 남자가 안 내리려고 버티니까 승객들이 그를 강제로 끌어내리고 그의 짐도 던져 버렸다. 버스가 출발했는데 기사는 커브 길에서 속도를 가속해서 그대로 낭떠러지로 추락했다.

'44번 버스 승객 전원 사망….'

그 여성 기사는 오직 살 만한 가치가 있는 그 중년 남자만 살려주고, 모른 척 외면했던 승객들을 모두 지옥으로 데리고 갔다는 영화이다.

사람의 욕심은 끝이 없는 모양이다. 그동안 미숙한 아침 단상을 쓸 때마다 즐거웠다. 아침 단상을 받아 본 사람들이 격려를 보내왔다. 그 격려는 더 노력하라는 뜻으로 알고, 스스로 올가미로 만들어 버렸다. 글을 쓰다 보니 삶처럼 때론 넘어지고 힘들어할 때도 있다. 그래도 시간이 지나면 앞으로 나간 것을 깨달을 수 있어 다시 시작한다. 이것이 현재의 나이고, 사명을 갖고 계속해야 할 일이라는 생각이 든다.

무더운 여름에 산을 오르는 사람이 많다. 며칠 전에 올라간 계양산은 395m로 인천에서는 가장 높은 산이다. 산을 오를 때는 언제나 숨이 가빠서 정상을 자주 쳐다보고 조금이라도 쉬운 길을 찾으려고 한다. 더구나 초행길이면 길을 잘못 선택할까 걱정되어 수시로 길을 물어 본다. 길은 어디로 가든지 모두 연결되어 있지만, 원하는 목표까지 잘 가려면 길을 알아야 한다.

인생길도 참 어렵다. 한 번뿐이라는 절박감과 살아남기 위한 경쟁의 길에는 도대체 여유가 없다. 가 본 길은 익숙하고 편안하다. 잘 알기 때문이다. 내가 평생 걸어온 교육자의 길이나 60년 넘게 살아온 인생길은 나름대로 지식이나 노하우가 있다. 내가 그동안 길을 물었던 만큼 나도 이제 답을 해야 한다. 나의 길에 대한 대답이 나에게는 최선이었는데, 묻는 사람에게는 정답이 못될 때가 많다. 어쩌면 그들은 이미 정해진 답을 가지고 있는지도 모른다. 단지 그 답에 대한 확신이 부족해서 길을 묻고 있는 것 같다. 다행히 나의 조언이 그들의 답과 일치하면 나의 답이 빛날 것이다.

삶을 살아가는 방법도 세월 따라 바뀌야 하나보다. 농경사회에서는 근면이 가장 중요한 덕목이었다. 부지런해야 먹고살 수 있었고 흘린 땀만큼 삶이 윤택했다. 나는 경제부흥기인 60년대 말에 인생의 기로에 섰다. 당연히 길을 물었고 고민 끝에 공고 기계과를 선택했다. 당시의 덕목은 기술이 핵심이었기 때문이다. 고등학교 3년, 1년의 방황을 거쳐 평생 나의 길인 교직으로 들어섰다.

언제나 최선을 다하지만 늘 뜻대로 되지 않았다. 내가 선택할 수 없는 것을 부러워하여 좌절하거나 불평하지 않으려 했다. 내가 가진 조건과 주어진 상황에서 가장 좋은 선택을 위해 노력하고 기도하며 살았다. 오늘에 아쉬움이 없는 것은 아니지만 최선을 다했다는 위로로 지금의 상황을 감사하게 생각한다. 이제 남은 삶에 대한 길을 기도하며 묻고 있다. 아직도 포기할 수 없는 욕망을 다스리기 어려울 때가 있다. 살아온 길의 깨달음이 아직 끝나지 않은 나의 길에 힘이 된다.

요즘 우리 사회는 피할 수 없는 선택의 기로에 서 있다. 길은 세 갈래다. 익숙했던 태극기들의 주장에 억울하기도 하고 황당함을 느끼고 있다. 나약하기만 했던 촛불이 뭉쳐서 판을 바꾸고 대세가 되었다. 가끔 감당하기 힘든 요구와 언행이 부담스럽기는 하다. 그래서 어쩔 수 없이 양비론으로 몸보신 처신을 하며 살아왔다. 이제 그 처신이 한계에 도달했는지 중국의 44번 버스 승객과 같은 침묵의 방조자가 될까봐 두렵다.

믿었던 진실들이 너무 많이 뒤집어지는 것을 보니 오늘의 진실도 걱정된다. 정치가 혼란스럽고 경제가 암울한 현실에서 나의 갈 길과 서 있어야 할 자리를 위해 늘 고민한다. 단지 그 고민이 44번 버스 승객의 변명이 되지 않았으면 좋겠다.

세상에 완벽한 사람은 없다.

단지 더 나은 세상을 위해 진실하게 노력하는 사람을 기대할 수밖에 없는 것 같다. 변명이 되어 버린 내 처신을 위해 오늘도 기도한다.

둥지 만들기

아침 일찍 일어나 무언가를 소유하기 위해 바쁘게 일하고 있다. 좋아진 세상에서 살고 있다고 위로를 하지만 우리나라에서 원하는 둥지를 소유하기가 갈수록 어려워지고 있다. 잠깐 살다 가는 세상이며 빈손으로 왔으니 빈손으로 가는 것이 인생이라는 말을 자주 하지만 무엇이 그렇게 많이 필요한지 욕심은 끝이 없다.

새 둥지는 나뭇가지나 풀잎으로 바구니 모양을 만들어 적에 대한 방어나 알을 낳아 새끼를 기르기 위한 보금자리이다. 열흘을 살기 위한 집이 누에고치이고, 여섯 달만 살다가 버리는 집이 제비집이며 까치집은 한 해를 살기 위한 집이란다. 그런데도 그 집을 지을 때 누에는 창자에서 실을 뽑아낸다. 제비는 침을 뱉어 진흙을 이겨서 집을 짓는다. 까치는 열심히 풀과 볏짚을 물어 나르느라 입이 헐고 꼬리가 빠져도 쉬지 못한단다.

어렸을 때는 부모가 만들어 준 둥지에서 산다. 타고난 둥지의 크기나 위치, 종류에 따라서 인생의 초반이 결정된다. 그것은 자신의 의지나 노력으로 선택할 수 없는 것이기에 받아들이고 싶지 않아도 인정해야 한다. 가끔 바꿀 수 없는 것을 향해 주먹을 휘두르거나 불만을 입에 달고 사는 사람을 보는데 안타깝게도 그들의 삶은 좋아지기보다는 더 팍팍해져 가는 것을 많이 보았다.

머리 싸매고 공부하는 이유도 보다 나은 둥지를 만들기 위함이다. 인생은 마라톤처럼 오래 달리기 경주다. 출발선에서 조금 앞서면 기분은 좋지만 결승선의 결과에는 크게 영향을 미치지 않는다. 타고난 머리나 땀, 노력의 크기, 운, 줄서기 선택 등이 인생의 둥지를 결정하는 종합적인 요소가 된다.

경제 부흥의 깃발이 힘차게 펄럭이던 시절에는 기술이 꿈이고 현실이었다. 나는 타고난 둥지가 허술해서 가고 싶은 공대에 진학하지 못했다. 여러 가지 형편을 고려하여 형님이 교대에 가라고 강권했다. 성공하지 못한 사람들이 그러하듯이 2년 동안 '자의 반 타의 반'이란 불만을 입에 달고 내가 해야 할 일은 밀쳐두고 살았다. 엎친 데 덮친 격으로 졸업 후 3년이나 발령을 받지 못하였으니, 그 시기가 내 인생 최대의 고비였다.

세상은 돌고 돈다. 끝이 보이지 않던 길에도 빛은 있었고, 내 인생의 판을 바꾸고 싶다는 생각으로 선택한 결혼의 둥지가 오늘을 있게 했다. 둥지의 질은 변한다. 밑바닥을 경험한 사람은 그 쓰디쓴 경험을 잊지 못한다. 달콤한 신혼에도 넘쳐나는 젊음의 유혹을 떨쳐내고 통신대학, 대학원, 인천 전입, 강화 근무 등의 노력으로 오늘의 나로 성장했다.

결혼해서 자식 둘을 낳았다. 내 자식이라는 소유 의식 때문에 쉬지 않고 잔소리를 했다. 어릴 때는 어린대로, 공부할 때는 공부가 중요하다고 생각해서 자식 방 청소까지 도맡아 했다. 자식에 대한 질긴 소유욕은 아직도 계속되고 있다. 직장도 갖고 결혼하여 따로 살지만, 다 못 갚은 빚이라도 있는 양 주말이면 자식에게 줄 반찬 준비하느라 바쁘다.

우리 집 냉장고는 언제나 가득 차있다. 냉장고와 딤채가 있지만 공간에 여유가 없다. 좋아하는 군만두라도 만들어 먹으려면 냉장고에 있는 음식물을 한참 동안 뒤집어 꺼내야 한다. 돈만 주면 집까지 배달해 주는 곳도 많고 1시간 안에 시장을 볼 수 있는데 이렇게 냉장고를 가득 채우려는 이유를 모르겠다.

소유욕은 결핍에서 온다. 부족함을 많이 경험하지 않은 요즈음 아이들은 물건에 대한 애착심이 거의 없다. 아침에 입고 나간 옷을 놀이터에 두고 왔어도 찾으러 가지 않는다. 그들의 필요한 물건은 부모가 다 해결해 준다고 믿기 때문이다.

이 세상에 와서 얻은 것 모두가 잠시 빌린 것이라서 이 세상 떠날 때 전부 놓아두고 가야한다. 평생 함께 살았던 배우자도 떠날 때는 같은 날을 기약할 수 없다. 자식이 자라서 부모의 둥지를 떠나는 것이 서운하지만 오히려 축하해야 할 일이다. 그동안 내 소유라 여겼던 자식도 소유권을 이전했다. 아들은 며느리에게, 딸은 사위에게 넘겼다. 그들의 소유인 둥지로 이전한 것이다.

내가 만든 둥지를 떠난 자식들이 보고 싶다. 가끔 잠자리에서 아내와 이야기를 나눈다. 우리들이 힘들었던 지난 일과 큰 탈 없이 새로운 둥지를 마련하여 떠난 자식들이 감사하다. 부모가 어려움을 견디어 냈기에 자식들에게 오늘이 있음을 말하고 싶기도 하지만 입을 꾹 다물고 있다.

지금 살고 있는 자식의 둥지는 아직 완전한 자기들의 둥지가 되지 않았다. 앞으로 그들의 노력과 선택을 통해 그들만의 둥지를 만들 것이다. 아침에 일찍 눈을 떴는데 내 둥지가 허전하다. 자식들이 만들어 가는 오늘 아침 둥지가 궁금하다. 밥은 먹고 사는지. 부모가 생각하기엔 여러 가지 부족한 것이 많다 생각되어 도와주고 싶다.

그들의 둥지가 자리 잡고 단단해질 때까지 자식을 믿고 기다리려 하니 시간이 더디게 간다.

인생 매듭의 뒷모습

사람이 살아온 인생 매듭은 고향에서 시작한다. 고향이라는 말만 들어도 가슴이 설레고 눈시울이 뜨거워진다. 고향은 땅이 아니라 사람이다. 그곳에는 나를 낳아주고 길러주신 부모님, 함께 자란 형제자매, 철없이 함께 놀았던 친구들의 추억이 살아있다. 지금은 산천이 변하고 기억 속의 그들 모습도 달라졌지만 여전히 고향에는 변하지 않은 채로 있다.

언제나 강하고 못할 일 없을 것 같던 아버지, 내가 원하는 어떤 것도 다 해주시던 어머니의 앞모습만 보아왔다. 항상 부모님의 말은 옳았고 거역할 수 없는 절대적인 힘이 있었다. 내가 나이 먹고 자식을 낳아 기르는 동안 부모님의 세월도 흘러갔다. 명절에 본 아버지, 어머니는 앞모습이 아니라 뒷모습이었다. 머리 하얗고 구부러진 허리, 불편한 걸음걸이, 낡고 초라해진 그런 노인이었다. 가슴이 저려왔다. 자신만만한 호통도 사라진 아버지, 잘 보이지 않는 눈, 거칠고 삐뚤어진 손으로 무언가 싸주시던 어머니였다.

어떤 사람의 뒷모습을 보고 나면 그동안 간직했던 사랑의 깊이가 달라진다. 생각하지 못했던 모습에 당황하고 엷어진 벽을 통해 그 사람이 가깝게 느껴지기도 한다. 화장도 주로 앞모습을 꾸미고 거울에 비추는 옷차림도 대부분 앞을 향해 있다. 때론 숨겨지지 않는 뒷모습에 더 많은 진실이 있다. 오랫동안 부모님의 익숙한 앞모습에 길들여져 부모님의 세월을 잊고 살았다. 길 떠날 때도 한참 가다 돌아서면 아직도 그 자리에 서서 손을 흔들고 있었으니 말이다.

한때 나라를 쥐고 주무르던 어떤 사람의 쓸쓸한 뒷모습도 보았고, 내 윗자리에 앉아 감당하기 힘든 지시를 서슴없이 자행했던 상사의 퇴락한 소식도 들었다. 부럽고 서운했던 감정들이 허망하고 안쓰러워진다. 그 모습, 그 감정들이 나의 뒷모습을 보는 자식일 수도 있고 나의 지시를 받았던 직원이 될 것도 같아 두렵고 미안하다.

어릴 때 고향에서 함께 자란 친한 친구 P가 있다. 20년이 지나 서울에서 만났는데 사업에 성공하여 잘 살고 있었다. 집이 가까워 주말에는 가족끼리 식사도 하고 여행도 몇 번 함께 갔다. 바람이 불면 원하지 않아도 나뭇가지가 흔들리듯이 IMF는 멀쩡한 P의 사업을 무너뜨렸다. 한 번만 도와 달라는 P에게 적잖은 돈을 빌려주었다. 조금만 기다리라며 미안하다는 몇 번의 전화를 끝으로 소식이 끊겼다. 그 일로 발을 동동 구르는 아내와 집 장만이 5년 늦어지며 많이 힘들었다.

10년쯤 지난 후 어느 결혼식에 갔다가 P의 뒷모습을 보았다. 달려가 부르려다 멈춰 서고 말았다. 철 지난 옷을 입고 머리가 반백이 되어 있었다. 어떻게 사느냐고 묻고 싶었지만 원망하는 말부터 쏟아낼까 봐 두려웠다. 말을 꺼내 해결될 일이라면 P가 나를 피하지 않았을 것이다. 집에 와서도 아내에게 P의 이야기를 하지 못했다. 세월은 누구에게나 똑같이 흘러간다. 너무 잘난 지금의 앞모습에 취해서는 곤란하다.

인생 매듭은 맺기보다 풀기가 더 어렵다. 맺을 때의 목적은 희미해지고 모양만 남아 올가미처럼 마음을 구속하기도 한다. 이미 흙이 된 사람들의 매듭은 가슴에 묻지만, 소식을 확인할 수 없는 사람들의 매듭은 어디에도 묻을 수 없다. 그들은 가슴에 대못으로 박힌 근심이고 가슴이 타들어가는 그리움이다.

가장 질긴 매듭은 자식과 부부 사이의 매듭이다. 자식 매듭이야 맺는 것도 푸는 것도 내가 어찌할 수 없다. 보이지 않는 절대자의 인도하심이 있었지만, 부부의 매듭은 내가 선택하여 맺은 매듭이다. 사랑으로 선택하여 자식을 낳아 기르고 오래 살다 보니 매듭은 있으나 희미해져 하나처럼 보인다. 너무 익숙하고 편해서 감춘 것 없이 사는 사이라 하루에도 몇 번씩 꼬일 때가 있다. 남들 눈에는 위태위태하게 보여도 이제는 자식들도 무덤덤하다. 싸웠다가 화해할 때도 특별한 형식이 없다. 말없이 손 한번 잡아주는 것으로 미안한 마음을 표현한다. 요즈음 들어 헛헛해진 아내의 뒷모습이 자꾸 눈에 밟힌다. 고맙고 안

쓰러워서 지키지도 못한 다짐을 자꾸 반복하고 만다. 인생 매듭 잘 맺기도 어렵고 그 매듭 풀지 않고 지켜가기도 점점 더 어려워지고 있다.

어제 아내와 소래산을 올라갔다 내려와서, 인천대공원을 한 바퀴 돌았다. 명절 마지막 날이라 사람들이 아주 많았다. 거의 다 쉰 살을 넘긴 것 같은 여자들이다. 낮은 산을 오르는 사람은 나이 든 사람이고 높은 산은 젊은 사람들이 오른다. 나이 들면 건강을 챙기려는 생각에 산을 오르거나 운동을 열심히 한다. 흘러간 세월의 앞모습이 아니라 남은 삶의 뒷모습을 가꾸기 위해서다. 선선한 가을이지만 햇볕이 따가웠다. 힘이 들어서 앉고 싶었지만 좋은 자리가 없다. 경치 좋고 그늘진 자리에는 어디나 만원이다. 운 좋게 찾아낸 자리에 오랫동안 앉아 지난 시간을 한참 되돌려 보았다. 그때는 힘들었지만 지금 와서 생각하니 그 시절이 행복하고 좋았다.

마음에 딱 드는 자리지만 다른 사람을 위해 일어서야 했다. 조금 가다 뒤돌아보니 벌써 그 자리에 앉은 사람이 있다. 내가 있었던 자리, 함께 살았던 사람들에게 어둡고 추한 뒷모습은 남기고 싶지 않다. 기울어가는 저녁노을을 바라보니 부모님의 뒷모습이 아련히 생각난다. P도 잘 살고 있겠지.

제 3 부

세상 읽기

누군가의 남산

서울을 소개하는 안내 책자에 명소가 많이 실려 있다. 명소이기 때문에 실린 곳도 있지만 명소로 만들기 위해 의도적으로 기획한 장소도 많다.

서울에서 살면서도 가보지 못했던 서울 투어를 시작했다. 목멱산은 남산의 옛 이름이다. 서울의 랜드마크 같은 산이지만 남산에 가 본 적이 없거나 올라갔던 기억이 아득한 사람이 의외로 많다. 멀리서 바라본 남산타워(지금은 N서울타워라 불림)는 익숙했지만 막상 가려고 하니 아는 게 너무 없어 난감했다.

인터넷을 통해 검색한 남산은 볼거리, 먹을거리가 많았다. 7.5㎞다섯 개 코스의 둘레길, 한옥마을, 남산타워, 남산 봉수대, 사랑의 자물쇠, 목멱산방의 남산 비빔밥, 남산 왕돈가스 등이 있었다.

N서울타워로 가는 방법은 세 가지가 있다. 걸어서, 버스로, 케이블

카로. 날씨가 좀 쌀쌀했지만 건강을 챙기고 마음의 여유를 즐기기에는 걷는 것이 최고다. 4호선 전철 명동역 1번 출구로 나와 남산공원 방향으로 10분 정도 걸어서 올라가면 숭의여자대학교가 나온다. 부설 리라초등학교는 연예인, 재벌 자녀들이 많이 다니는 사립학교다. 스케이팅이나 쇼트트랙, 골프 등에서 내가 아는 선수들을 많이 배출한 학교라 해서 한 번 더 올려다보았다. 부러움을 뒤로하고 10분 더 올라가니 돈가스, 왕돈가스 간판이 어지럽다. 거의 다 원조이고 TV 프로에 방영되었다고 자랑이 대단하다. 점심시간도 아닌데 침이 고였다.

도로를 건너 계단을 더 올라가면 오르막인 남쪽 둘레길과 평탄한 북쪽 둘레길이 나온다. 사람만 다니는 길이지만 넓게 포장되어 있다. 물어볼 필요도 없다. 선택은 쉬운 북쪽 둘레길이다. 오고 가는 사람들이 많았다. 다정하게 손을 잡은 부부나 연인도 있고 친구와 오손도손 이야기하며 걷는데 대부분 나이가 좀 들어 보였다. 우정이나 의리를 입버릇처럼 내세우지만, 혼자인 남자를 보니, 나이 들면 외로운 남자가 많은 것 같아 씁쓸하다. 둘레길을 다 돌려면 3시간이 걸리며 계절에 따라 다른 모습을 느끼려면 최소한 네 번은 와야 한단다.

나이 들수록 융통성과 여유가 있어야 어른 대접을 받는다. 타고난 성격은 바꾸기 어려워 대충 사는 법을 연습하다 보니 크기는 눈짐작으로, 시간은 배꼽시계로 가늠한다. 한 끼쯤 걸러도 좋으련만 남산 맛집을 핑계로 둘레길을 벗어나 N타워로 가는 길을 고집했다. N타워는 야경이 멋있다는데 입장료가 있어서 다음을 기약하고 바라만 보았다.

마음으로 느끼고 말로 확인한 사랑을 자물쇠로 묶어야 하는 것이 요즘 대세인 모양이다. 명물 자물쇠 존은 어마어마하다. 울긋불긋한, 수많은 자물쇠와 애절한 사연들이 변치 말자는 약속으로 묶여 있었다. 녹이 슬은 것도 있는데, 그들은 정말 사랑의 꿈을 이루었고, 지금도 변하지 않고 살고 있는지 궁금하다. 우리는 따뜻하기는 하지만 뜨거운 열정이 부족하고 사랑의 현실이 만만치 않은 탓에 사랑의 자물쇠를 채워보지 못했다.

친구들보다 4년이나 늦게 교직에 발령을 받았다. 늦은 만큼 마음이 조급하여 무언가 반전이 필요했다. 고민하여 얻은 결론이 든든한 배경이 되는 맞벌이 결혼과 대학원 진학이었다. 선택은 정략적(?)인 듯했지만 생각하고 노력하는 동안 늘 보고 싶고 사랑하는 사이가 되었다. 함께 간다는 확실한 약속이 없어도 4시간이나 버스 뒷자리에 앉아 따라다녔고 모조지 전지에 연서를 가득 써서 보낸 적도 있었다. 몇 번의 고비는 있었지만, 사랑은 조건 없이 한다는 말처럼, 우리는 단칸방에서 신혼을 시작했다.

일이 풀리기 시작하면 좋은 일이 줄줄이 일어나는 모양이다. 내가 두 번이나 도전하여 실패하고 포기한 방송통신대학교에 아내가 내 서류를 접수하여 3학년에 편입학했다. 덕분에 5년제 방송통신대학 행정학과를 1회로 졸업했다. 아내는 아들을 낳아 바쁘고 어려운 형편임에도 내 꿈을 믿고 적극적인 지원과 격려를 해주어 오늘 여기까지 올 수 있었다. "말이나 글로만 사랑한다."는 아내의 타박이 가끔 있고 때로는 잊고 살 때가 많아 아내에게 미안하다.

남쪽 둘레길을 내려와 돈가스 식당에 들어가 앉고 보니 벌써 2시다. 묻지도 않고 당연하게 주문한 왕 돈가스가 아내의 심기를 건드렸다. 같은 것보다 다양함을 선호하는 취향을 아직도 모른다는 것이다. 이래서 남산은 2번 더 올 필요가 생겼다.

아무리 날씨가 무더울지라도 내년 여름에는 꼭 와서 두 가지 미션을 실행해야겠다. 헐거워진 사랑의 약속 매듭을 자물쇠 존에 다시 채우고 다양한 돈가스가 나오는 돈가스 정식을 먹기 위해서다. 빨간 단풍이 들고 하늘이 푸른 가을 저녁에 와서 N타워 야경을 즐기고 목멱산방의 비빔밥도 먹으려고 한다.

다 내려와서 남산을 바라보니 N타워는 높고 남산은 많이 낮아진 느낌이 든다. 무엇이든 함께한 시간만큼 가까워지고 마음이 따뜻해진다. 다음을 기약하며 편안한 마음으로 나의 남산을 누군가의 남산으로 남겨두고 왔다.

수영장에서 세상읽기

아내와 함께 수영을 하려면 늦어도 7시 30분에는 집을 나서야 한다. 어제저녁에 11시가 지나서 집에 들어온 까닭에 몸이 무겁다. 날마다 하는 운동이지만 수영장에 갈 때와 올 때의 마음이 많이 다르다. 10년 넘게 수영을 한 사람도 핑계만 있으면 수영을 빼먹으려 한다니 세상 일이 쉬운 게 없다.

육지가 주 활동 무대인 사람이 물속에서 움직이려니 몸이 가라앉고 숨을 쉴 수가 없다. 수영의 기본은 호흡과 물의 두려움을 없애는 것이다. 물이 무서워 허우적거리면 몸은 점점 더 물속으로 가라앉는다. 호흡과 발차기로 시작한 수영이 벌써 3년이나 되었다. 이제 제법 관록이 붙은 상급반이 되었지만 함께 시작했던 사람들은 연수반으로 다 올라가고 우리 부부와 허리가 안 좋다는 K, 퇴임 간호사인 L만 남아 있다. 같은 일을 해도 목표가 뚜렷하거나 한 살이라도 젊으면 성과가 높다.

이제는 힘들게 앞서가는 것보다 운동을 하면서 즐기려고 한다. 연수반은 두 반이 있는데 내용은 같다. 50m 레인을 쉬지 않고 5회 왕복하는 것이 기본이다. 멋진 폼으로 일정한 간격을 유지하며 수영하는 그들이 부럽다.

매주 월, 수, 금요일은 강습이 있는 날이다. 월요일은 오리발과 스노클링을 착용하고 수영을 한다. 오리발을 끼고 수영을 하면 고속도로를 달리는 기분이 든다. 신나는 마음에 조금 열심히 발차기를 하다가는 앞사람 오리발에 얼굴을 맞을 때가 많다.

스노클링은 머리를 돌려서 호흡하지 않아도 물속에서 입으로 공기를 들이마셔 코로 내뱉을 수 있는 보조기구다. 2년 전 하와이로 딸네와 가족여행을 갔을 때 처음으로 사용해 보았다. 깨끗한 바닷속에 형형색색의 물고기가 노는 모습에 감탄했고, 그런 경험을 제공한 딸이 고마웠다. 그 덕분에 오리발 강습을 처음 하던 날 제일 앞에서 시범을 보였다. 급하고 퉁명한 내 성격을 닮은 딸은 부모에게 잘하면서도 함부로 툭 내뱉는 말에 서운할 때가 많다. 더구나 부모 곁으로 이사 와서 외손자 육아가 힘들 때가 있다. 그래도 오리발과 스노클링을 할 때마다 딸 생각이 난다.

수요일은 턴과 다이빙을 한다. 100m를 수영하려면 50m에서 턴을 해야 하는데 아직 초보 단계인 사이드 턴을 하고 있다. 다이빙은 1.8m 깊이 위험지역에서만 한다. 허리를 구부리고 두 손을 머리 뒤로 쭉 펴서 점프하면 손, 머리, 몸 순으로 물속에 들어가야 한다. L은 겁이 많아서 처음에 3번을 도전하고도 뛰어내리지 못했다. 지금은 곧잘 하고 있으나 배치기라고 해서 가슴과 배가 물에 부딪혀 소리가 크게 난다. "배가 아프지 않으세요?" 물었더니, "뱃살을 빼려고 아파도 참고 있어요." 한다. 정말 뱃살이 빠졌는지 몰래 훔쳐보았지만 긴가민가 하다. 어쨌든 L은 새로운 역사를 쓰고 있는 중이다.

금요일은 매우 힘든 날이다. 킥판을 잡고 200m, 발에 끼고 200m를 몸 풀기로 하고 나서 자유형, 배영, 평영, 접영을 혼합하여 50m씩 4회 반복한다. 나이 탓인지 반환점에 가면 숨이 가쁘고 종아리에 쥐가 날 것 같다. "먼저 가세요!"라고 말하면, "아니요 제 차(?)도 문제가 있어요." 한다. 수영장의 양보는 미덕이 아니다. 이런저런 핑계로 앞 사람과 간격이 멀어지고 뒷사람이 정체되면 강사님의 눈총을 받는다. 체력도 총량의 법칙이 적용되는지 전날 무리한 날이나 나이가 많아지면서 말하지 않아도 티가 나는 것 같다.

K는 50대 후반의 여자로 키가 작고 통통하며 병원 단골손님이어서 수술도 여러 차례 했단다. 그래도 자유수영 날인 화, 목요일에는 50m 레인을 10회나 쉬지 않고 왕복한다. 중학교 때 배구 선수였다고 해서 속으로 웃고 말았는데 끈기가 있는 모습을 보니 사실인 것 같다.

세상에 숨길 수 없는 것이 가난, 사랑, 재채기라는 말이 있지만 수영장에서 만나는 사람들의 세상도 그 사람의 어디엔가 남아 있다. K는 의류 도매상으로 돈을 벌었다더니 사교성이 좋아 만나는 사람마다 형, 언니라 부른다. L은 전직 탓인지 얌전하고 조심스럽게 수영을 하며 얼굴만 보고도 요즘 힘들어 보인다고 좀 쉬라고 조언한다.

또 눈에 띄는 몇 사람이 더 있다. 72세라는 나이답지 않게 체격이 우람하고 귀가 잘 들리지 않지만 늘 웃으며 말을 먼저 건네는 최고령 P가 있다. 그는 수영 오기 전에 헬스를 하고 겨울에도 반바지 차림으로 온다. 젊어서 권투를 해서 건강에는 자신이 있다고 했는데 며칠째 결석이다. 독감에 걸려 입원했다니 우습다. 마음은 청춘이지만 세월을 이길 수 없는 모양이다.

중학교 때 수영 선수였다고 해서 우리가 수영 멘토라 부르는 아가씨 C도 있다. 이론은 물론 폼이 멋있어 틈만 나면 서로 붙잡고 지도해 달라고 조른다. 자기소개를 할 때 홈플러스 본사에 근무한다면서 은근히 회사와 자기 자랑을 하곤 한다. 수영장에서 부러운 사람은 수영을 잘하는 사람과 몸매가 좋은 사람이다. 세상은 어디서나 잘 어울리는 옷이 있고 인정받는 능력이 다른 것 같다. 그래서 다양한 모습과 능력, 성격의 사람들이 어울려 함께 살아갈 수 있는지도 모른다.

함께 배우고 같은 수영을 하지만 모양은 조금씩 다르다. 수영장에서는 거의 날마다 얼굴을 마주하지만 세세한 삶의 이야기는 깊이 나누지 못한다. 단지 운동을 하는 태도와 삶이 묻어나는 민낯을 보면서 그들의 삶을 추측하고 공통적인 우리의 세상을 읽는다. 이 사람 저 사람을 이렇게 저렇게 보고 있노라면 이해되지 않는 부분도 있지만 지난날 내 모습을 보는 것 같아 묻지도 않는 조언을 곧잘 한다.

세상을 살다보면 알리고 싶지 않은 것이 많이 있다. 그래서 두껍게 화장도 하고 예쁜 옷을 핑계 삼아 자신을 감추며 살고 있다. 하지만 수영장에서는 서로의 민낯을 본다. 화장도 지우고 쳐진 뱃살도 얇은 수영복으로는 다 가리지 못한다. 그러고 보면 수영장에 오는 사람들이 대단하다는 생각이 든다. 이른 아침은 일어나기도 힘들지만 매우 바쁘다. 없는 이유를 만들어 쉬고 싶다는 마음을 이겨내는 것은 탈의실을 나설 때 느끼는 그 기분을 알기 때문이다. 수영장을 나서며 인사를 할 때는 민낯이 가려진 또 하나의 다른 세상을 본다. 내가 다 읽지 못한 세상이 궁금해진다.

길들이기

이른 봄 햇볕은 따뜻해도 바람 끝이 쌀쌀하다. 아버지는 어린 송아지를 길들이기 위해 들판으로 끌고 나가셨다. 며칠 전에는 아프다고 소리 지르는 송아지 코에 코뚜레를 끼웠다. 송아지가 멍에를 메고 썰매 같은 작은 수레를 끌고 있는 모습은 우습기도 했지만 조금 불쌍하게 보였다.

송아지는 멍에가 무겁고 아파서인지 가다 서고를 반복했고, 샛길로 빠지려고 떼썼다. 그럴 때마다 코뚜레를 잡은 아버지의 손에 힘이 들어가고 "이랴! 이랴!" 외치는 소리가 커졌다.

송아지 길들이는 날은 식구들이 모두 나와 송아지를 응원했다. 송아지 길들이기는 한 번에 끝나지 않고 봄철 내내 계속되었다. 봄이 끝나가는 어느 날 저녁밥을 먹으면서 아버지가 선언했다.

"이제 송아지가 아니라 누렁이라 불러라."

"누렁이요?"

"작은 마구간이 누렁이 집이다."

그 뒤로 누렁이 대우가 달라졌다. 여물에 누렁이가 좋아하는 콩깍지가 많아지고 전용 쟁기가 주어졌다. 그해는 누렁이 덕분에 농사일이 다른 집보다 앞서 갔고 수월했다.

소를 가축으로 기르기 위해 길들이기 시작한 것은 기원전 7천 년경이라고 한다. 그 정도 세월이면 야성이 사라질 수 있는 긴 시간임에도 불구하고, 지금도 소를 길들이고 있다. 야성이 순화된 상태라 해도 새끼소에게는 본능적인 야성이 남아 있기 때문이다.

길들이기는 동물만이 아니다. 재산목록 1호라고 말하기는 그렇지만 내가 애지중지하는 것이 승용차다. 차를 가까운 친구들보다 가장 늦게 구입했다. 초보 때는 겨우 출퇴근만 하고 주차장에 세워두기가 일쑤였다. 몇 번은 핸드브레이크를 풀지 않고 한참 가다가 고무 탄 냄새에 차를 세우기도 여러 번이었다. 가속 페달을 조금만 밟아도 차가 어찌나 빨리 달리는지 브레이크를 자주 밟았다. 그럴 때마다 초보운전 스티커를 붙였는데도 뒤차들이 빵빵거리는 통에 더 당황했다. 안타까운 사연을 전해 들었던지 운전 고참 친구가 내 새 차 길들이기에 발 벗고 나섰다. 가슴이 벌벌 떨리는 고속도로를 달리기도 하고, 구불구불한 먼 길인 강화도까지 다녀왔다. 덕분에 차가 많이 길이 들었는지 엔진 소리가 조용하고 부드러워졌다. 돌아와서 어깨가 저리고 온몸이 쑤셔서 며칠을 끙끙 앓았다. 가족들이 위로한답시고 한 마디씩

했다.

"차를 길들이는 것이 아니라, 당신을 길들였네요."

"맞아, 맞아. 이제는 아빠 차를 걱정 않고 타도 되겠어요."

인생은 가축이나 차보다 소중하기 때문에 더 잘 길들일 필요가 있다. 세월이 너무 많이 흘러서 자식을 양육하며 길들였던 일이 잘 생각나지 않는다. 요즘에 손자를 돌보며 생명의 신비와 길들이기 교육의 놀라운 효과를 눈으로 확인하고 있다. 외손자에게 "잘한다. 잘한다." 하고 손뼉을 치면 박자에 맞추어 춤을 춘다. 돌이 지났는데 혼자 걷지 못해 걱정했는데 어제는 세 발자국이나 걸었다. 그동안 벽을 잡고 걷기도 하고 엄마 손에 의지해서 걷는 길들이기가 놀라운 효과를 가져왔다.

그러고 보니 그동안 교단에서 아이들을 가르친 것도 바람직한 길들이기 교육이었던 것 같다. 국가의 발전과 개인의 행복을 위해 아이들을 가르쳤다. 아이들은 공부해야 할 지식이 너무 많고 경쟁이 심해 지치고 스트레스 받아 자꾸 일탈의 길을 가려고 했었다. 아는 것은 늘어가지만 스스로 생각하지 못하여 바람직한 행동을 길들이기는 참 어려웠다. 거친 말이나 다툼, 책임 없는 어른 흉내 내기가 넘쳐서 학교가 꿈의 전당이 되지 못했다. 소코뚜레 같은 학교 교칙이나 법적 처벌은 잘못을 길들이는 방법이기는 했지만 교육적 방법은 아니었다.

부끄러운 것을 안다는 것은 자신의 말이나 행동, 생각이 잘못되었음을 인정하는 것이다. 부끄러움에도 4단계가 있다. 무엇이 잘못되었는지 모르는 철부지 1단계, 잘못을 인정하지 않는 낯 두꺼운 2단계, 잘못을 인정하고 부끄러워하는 3단계, 잘못을 저지르지 않아 당당한 4단계이다. 가끔 2단계이면서도 4단계라 주장하는 사람이 있다. 자신의 병을 잘 모르기 때문에 골든타임을 놓쳐 치료가 어려운 경우가 많다.

내가 늘 부끄러워하며 길들이려는 좌우명이 있다. '듣기는 속히 하고 말하기와 성내기는 더디게 하라'이다. 평생 가르치는 직업에 종사했으며 책 읽기를 즐겨한 탓에 내가 아는 것을 남들에게 나누어 주고 싶어서 말이 많다. 그것까지는 그런대로 넘어갈 수 있는데 쉽게 성을 내는 것이 문제다. 고민한 만큼 조언도 많이 들었다. 목사님은 자기의 죄를 지적당하면 성을 낸다고 한다. 나는 부끄럼 3단계라고 말하고 있는데 내 죄를 죄라고 인정 안 하고 성을 내는 것을 보니 아직 2단계인 모양이다.

친구들이 모이면 건강, 손자, 아내의 잔소리에 대해 가장 많이 이야기한다. S는 제법 익어가는 모습으로 훈수를 한다. 자기는 요즘 아내와 다투지 않는단다. 아내가 어떤 말을 해도 토를 달지 않고 끝까지 듣는 척한다. 아내가 하고 싶은 말을 다하지 못하면 스트레스가 쌓여 아프기 때문이란다. 자기가 좀 힘든 것이 아내가 아픈 것보다 가정의 행복에 도움이 된다고 한다. 공감이 가고 부럽지만 실천하기는 어려운 일이다.

좋은 것은 따라 해 보는 것이 좋다. 말대꾸하다 싸우지 않기 위해서 마음에 들지 않는 말은 못 들은 척했더니 그것도 잔소리의 빌미가 되었다. 마음에 들지 않는 것은 귀에 들리지 않는다고 속으로 항변하면서도 헛웃음이 나온다.

"모든 일을 다 알 필요는 없다."는 내 주장이 아내를 피곤하게 한다. 이제까지 살아본 경험과 공부한 영역은 나름 깨달음이 있었지만, 관심이 덜한 일은 늘 아내 몫이 되고 있다.

매사 마음을 비웠다는 말과 달리, 아직도 해결하지 못한 일이 남아 있는지, 삶에 대한 미련과 집착이 강한 나의 모습을 많이 발견한다

내 마음의 텃밭

마음에 간절히 바라는 소망이 있을 때, 나는 꿈을 꾼다. 그 소망이 힘들면 악몽이 되어 시달릴 때도 있다. 어려서 악몽은 쫓기는 꿈이었다. 도망가야 하는데 발이 떨어지지 않아 마지막 순간에 비명을 지르며 눈을 뜨면 종아리에 쥐가 났다. 어른이 되어서는 직장 업무, 자식과 관련하여 식은땀을 흘리는 꿈이 많았다. 요즈음 악몽은 운전하는 꿈이다. 차의 속도는 점점 빨라지고 앞차가 가까워지는데 발이 브레이크에 닿지 않는다.

"이렇게 가는구나. 주님, 도와주세요." 온 마음 다하여 간절히 외쳤다.

이런 날 아침에 눈을 뜨면, 새벽 공기가 그렇게 신선하고 살아 있음에 저절로 감사하는 마음이 우러난다. 마음을 비웠다는 말과는 달리 아직도 해결하지 못한 일이 있는지 삶에 대한 집착이 그대로 있다.

급한 성격과 큰 목소리, 쉽게 성내는 행동을 타고난 탓으로 치부하고 살아왔다. 그런데 남자가 철이 든다는 환갑이 지났는데도 고질병처럼 여전하다. 아침마다 기도 제목이 된 지 오래지만 잊을 만하면 아프게 회개하는 사건이 발생하곤 한다. 어제도 아내의 지도 조언을 잔소리라 생각하여 대응하다가 화를 키웠다. 지난번 글에 아내의 말을 잘 듣겠다고 썼더니 말과 행동이 다르다고 타박한다. 내 말이 행동보다 너무 빨랐다고 변명했지만 약효가 없다.

"다음부터 잘할게."

젊어서는 이겨보려고 했지만 지금은 빨리 사과하는 것이 후유증이 적다. 조목조목 따지는 이론도 힘들지만, 평생 그렇게 해왔다는 말에는 할 말이 없다. 아직도 남편 노릇이 부실하여 내부를 수리하고 있다. 그런데 수리 중에 하자가 더 발견되어 공사가 커지고 시간이 오래 걸린다.

열 길 물속은 알아도 한 길 사람 마음속은 알 수 없다고 한다. 마음이 눈에 보이지 않으니 알 수 없는 것은 당연한지도 모른다. 더구나 마음 관리를 잘못하면 수시로 변덕을 부린 탓에 주인도 감당하기 힘든 사건을 일으키곤 한다.

지인 J는 요즈음 마음밭에 언짢은 잡초가 자라나 힘들어하고 있다. 같은 직장의 국장까지 지낸 분과 날마다 얼굴을 마주 보고 지낸다. 그분의 처신에 말을 꺼내자니 좀스럽고 속으로 삼키자니 자존심이 상한다고 한다.

뜻이 많이 탈색한 애경사 이야기다. J는 국장의 애경사에 네 번이나 참석했는데 두 번이나 빼먹은 그분이 또 청첩장을 보내왔단다. 어제 우리 모임에서 사연을 말하고 조언을 구했는데 의견이 반반으로 갈라졌다. 나는 축의금을 하는 것이 좋다는 쪽에 찬성했다. 날마다 얼굴을 보는 처지이고 얼마 되지 않는 돈 때문에 마음이 불편하면 안 된다는 생각이다. J도 공감을 하면서도 마음밭에 자리 잡은 불편한 잡초 때문에 심란해했다.

퇴임하고 시작한 주말농장의 봄 상추와 감자를 수확한 뒤에 한 달 반을 빈 땅으로 놓아두었다. 가을배추와 무를 심으려고 가보니 밭을 구분하기 어려울 정도로 잡초가 무성했다. 농부의 삶이 잡초와 전쟁이라더니 내 작은 텃밭도 마찬가지였다.

주말 농장이 아닌 마음밭에도 가꾸지 않으면 잡초가 자란다. 그동안 마음밭에 자란 잡초를 뽑기 위해 많이 고생했다. 힘껏 잡초를 뽑고 나서 돌아다보면 또 다른 잡초가 눈에 띄었다. 또 뽑고 뽑다가 지쳐서 실망할 때가 많았다.

정도의 차이는 있지만 누구나 마음밭에 잡초를 키우고 산다. 그런데 주말농장을 하면서 깨달았다. 빈 땅의 잡초를 아무리 뽑아도 끝이 없었는데, 상추, 배추, 무를 심고 가꾸다 보니 잡초가 거의 사라졌다.

이제 내 마음의 텃밭을 가꾸는 방법을 바꾸려 한다. 뽑아서 안 되는 마음밭에 잡초가 자라기 전에 용서, 인내, 온유를 심어 가꾸어야겠다. 일해서 얻은 것으로 살아가지만, 비우고 깨달은 것으로 다시 일할 수 있다. 뽑아서 없어지지 않는 잡초 대신에 원하는 것을 심어 기도하며 가꾸면 내 마음의 텃밭이 평온해질 것이다.

다시 불러본 출석

내 초등학교 동창은 60여 명 된다. 2개 반이었는데 6학년 때는 모두 한 교실에서 공부했다. 당시 중학교 진학은 시험을 보아서 성적순으로 입학했기 때문에 잘 가르친다고 이름난 호랑이 선생님을 학부모가 모두 원했다.

졸업 후 10년 만에 동창회를 조직했으나, 먹고살기 한창 바쁜 때라 겨우 이름만 유지했다. 지난여름 건축업으로 돈을 잘 벌고 있는 친구가 앞장서 무등산에서 1박 2일 동창회 모임을 가졌다. 졸업생 수에 비해 턱없이 적은 19명밖에 모이지 않았다. 반가워서 "맺혔던 한이 풀리는 느낌이다."라고 떠들었다. 넥타이가 풀어지고 윗옷이 벗어지자 시간이 묻어놓았던 추억의 끝자락을 두서없이 끄집어냈다.

"야, 임마. 너, 자식!" 예사말이 서슴없이 난무하고, 남녀 구분도 모호해졌다. 회갑도 지나고 세월에 닳아진 얼굴들이 오늘을 잊고 너나

없이 악동으로 돌아갔다.

동창이지만 이제와 알고 보니 학창시절에 몰랐던 일들이 너무 많았다. 두어 살 더 먹은 형이나 누나뻘 되는 동창이 꽤 여럿이었다. 병이 나거나 먹을 것이 없어 죽는 아이들이 많아, 돌이 지나야 겨우 호적에 올린 탓이었다. 나이가 더 많은 동창들은 대부분 형편이 어려워 중학교 진학도 하지 못했다. 그래서인지 세월의 무게가 얼굴에 더 진하게 남아 있었다. 일찍 사회에 나와서 고생한 이야기를 할 때면 눈시울이 붉어졌다. 돈이라도 많이 번 몇몇은 뻔히 알고 있는 어린 시절의 초라했던 모습을 바꾸어 보려고 허세를 떨기도 했다.

나는 부모를 잘 만난 덕분에 적령에 입학했다. 먹고 입을 것 걱정 없이 학교에 다녀서인지 공부를 제법 잘했다. 그 까닭에 친구들의 부러움과 담임 선생님의 사랑을 많이 받았다. 6학년 때 반장을 해서인지 동창들이 나를 거의 기억했다. 사는 것이 달라져도 추억은 바꿀 수 없는 모양이다. 동창회도 내가 참석해야 되는 것처럼 생각하는 친구들이 많았다. 친구들의 소식을 전해 주기도 하고, 자기 자랑도 나에게 먼저 늘어놓았다. 나는 아버지의 뒤를 이어 교육자가 되었다. 욕심을 낼 수도 없어 분수에 맞게 사느라고 늘 생활이 빠듯했다. 동창들이 모이면 반장이라고 나를 추켜세웠지만 많은 동창들의 밥 한 끼 사는 것도 부담이 되었다. 그때마다 잘 나가는 건축업 사장이 내 고민을 해결해 주었다. 고마운 마음에 동창회 회장 자리를 양보했다.

저녁을 먹고 나자, 반장이었던 나에게 늦었지만 출석을 불러 보라고 재촉했다. 나는 가물가물한 기억을 끌어내어 이름을 불렀다. 이름이나 얼굴이 헷갈리는 녀석들이 있었지만 얼추 50명을 가까스로 불렀다. 그중에는 소식이 영 끊긴 친구도 있었고, 이미 세상을 등진 친구도 있었다.

처음에는 서로 눈치를 보며 말은 않고 그냥 웃기만 하더니 동창들의 말문이 터진 것은 손주 자랑이었다. 다른 사람 눈치도 잘 보지 못한 나는 얼떨결에 손자 자랑을 하여 기분좋게 벌금을 물었다. 말하기가 민감한 자식 이야기는 상당히 껄끄러운 모양이었다. 표현은 하지 않았지만 사연이 있는 동창들도 있었다. 소문으로도 대강 알고 있기는 하지만, 옷차림이나 얼굴에서 현재의 생활을 짐작할 수 있는 친구도 없지 않았다.

J가 "이제 나는 눈에 보이는 것이 없는 년이다."라고 해서 깜짝 놀란 끝에 웃음보를 터뜨렸다. 멀쩡하게 보이는데 백내장이 심하단다. 앞이 안 보이는 것은 그녀뿐이 아니었다. 분위기가 좋으니 이야기가 끝이 없었다. 집을 나설 때 아내가 말조심하라고 신신당부했다는 친구의 말에 모두가 궁금하게 여겼다.

"내가 사실은 쓸개가 없다." 그래서 말을 잘못하면 쓸개 없는 놈이라고 놀릴까봐 아내가 걱정을 많이 한단다.

밤이 깊도록 웃고 떠들다가 잠자리로 들어갔다. 반장이란 핑계로 이방 저 방을 돌아다니며 잠자리를 점검했다. 문득 10년 뒤에 동창들의 모습이 다시 보고 싶어졌다.

"조용히 하고 내 말 잘 들어라. 앞으로 10년 후에도 이 자리에 함께

할 사람 손들어 봐라." 손을 드는 친구는 아무도 없었다.

'그래, 오늘 60명 중 19명이 출석한 것도 어디냐?' 나는 먼 훗날 출석할 것까지 챙긴 내 오버액션을 후회하며 피곤에 곯아떨어진 친구들 사이에 누웠다.

앞으로 10년마다 동창들의 출석을 계속 부르고 싶다. 결석하는 친구들이 없었으면 좋겠다.

행복의 생얼

내가 어렸을 때 어른을 만나면 “진지 잡수셨어요?”라고 인사를 했다. 지금은 이런 인사말을 하는 사람도 없지만 이렇게 글로 써 놓고 보아도 어색하고 낯설다. 그 당시에는 먹을 것이 부족하여 굶을 때가 자주 있기 때문에 서로 걱정하는 인사를 나누었다. 요즘에는 사는 형편이 좋아져서 굶은 것보다 비만을 걱정하고 살이 쪘다는 말을 욕처럼 느끼는 사람이 많다.

사는 일이 바빠서 자주 만나지는 못해도 아침마다 카톡으로 아침 인사를 주고받는다. 가장 많이 듣는 인사말이 “오늘도 건강하고 행복하세요.”이다. 그만큼 건강과 행복을 중요하게 생각하고 있다는 말이다. 건강이야 오래 살기 위해서 당연한 것이지만 행복한 것처럼 보인 사람이 행복하지 않다는 말을 하면 행복의 생얼(꾸미지 않는 맨 얼굴)이 무엇인지 궁금해진다.

아침에 잠을 깼는데 머리가 혼란스럽다. 어젯밤에 늦게까지 이어진 행복 논쟁이 생각보다 뜨거웠기 때문이다. 자신의 행복을 진지하게 논할 수 있는 사람을 초대하기가 쉽지 않다. 먹고사는 생활이 바쁘기도 하고 민낯 보이기를 꺼려서 함께 하기가 어려웠다. 고심 끝에 지금까지 들어온 그 사람의 생각을 가상의 행복 민낯 원탁에 불러 모았다. 이렇게 모인 사람이 5명이다.

O는 자수성가한 사람이다. 지독한 가난을 물려받았지만 집념어린 투자와 절약 덕분에 이름난 온천 땅도 소유하고, 교장으로 퇴임하고도 주식이나 가상 화폐로 쏠쏠한 재미를 보고 있다 했다. 풍문에 뇌출혈로 쓰러져 의식이 없다는 말을 듣고 전화를 했더니 통화가 되지 않았다. 얼마 후, 다행히 의식도 돌아오고 재활병원으로 옮겼다는 말을 듣고 병문안을 갔다. 한 달 넘게 의식이 없었던 사람답지 않게 말이나 걷기도 잘했다. 더욱 놀라운 것은 지금이 행복하단다. 덤으로 사는 삶이기도 하고 날마다 조금씩 나아지고 있다며 활짝 웃었다.

서민 갑부로 불리는 J는 80세가 넘었는데도 재래시장에서 국밥 집을 하며 쉬는 날도 없이 열심히 살고 있다. 젊어서 남편이 사업에 실패하여 먹고살기 위해 시작한 가게였는데 지금은 자식들도 다 성장하여 "엄마, 이제 좀 쉬세요."라고 말하고 있다. 이제는 돈보다 국밥을 맛있게 먹는 손님을 보면 행복하다며 힘이 있는 날까지 일을 계속하겠다고 한다.

친구 K는 그리 넉넉하지 않은 살림인데도 5년 동안 힘들게 모은 2천만 원으로 가족이 보름 동안 북유럽 여행을 다녀왔다. 정말 행복했다며 벌써 다음 여행 계획을 자랑한다. 3백여만 원이면 매년 휴가철에 국내 이름 난 곳으로 3박 4일씩 여행을 다녀올 수 있는 데 5년이 길지 않느냐고 물었다. K의 행복 기준은 확실하고 특별했다. 매년 3박 4일의 국내 여행을 하는 것보다 보름의 해외여행을 위해 5년을 기다리는 것이 K가족의 행복 감정이라고 말한다.

조카 P는 늙은 부모가 안달하는 마흔 살이 넘은 노총각이다. 멀쩡하게 다니던 회사에 사표를 내고 연극을 한다더니 얼마 전에 대학로 소극장에서 공연을 해서 축하 차 관람하고 왔다. 즐겁기는 했지만 P의 부모 얼굴이 떠올라 주책없는 질문을 하고 말았다.

"언제 결혼할 거니?" 심각한 내 질문과는 달리 P는 픽 웃으며 결혼하지 않은 지금이 행복하단다. 남의 일 같지 않아서 당황스러웠다.

아들이 결혼 전에 아내와 합의하여 '부모 노릇 한계점'을 정했다. 결혼식이 끝나고 아내가 한계점이 바뀌었다고 말을 해서 물었더니 결혼식장에서 부모에게 인사할 때 "엄마, 고생했어. 고마워!" 하더란다.

그렇게 오랫동안 쓴 나물을 먹어 온 고통을 말 한마디로 다 갚아버리는 아들이 대단하다. 냉정한 아빠인 나는 더 많은 생각을 했지만 그러려니 했다. 쓴 나물은 처음에는 먹기 힘들어도 자주 먹다 보면 적응이 되어 먹을 만해지기도 한다.

나에게는 하루에도 수많은 일이 일어난다. 그렇게 바빴던 젊은 시절이나 퇴임하고 난 오늘이 크게 달라진 것은 없다. 단지 하는 일이 다르고 그 일에 부여하는 의미와 태도가 변했다. 시간이 남으면 또 다른 일거리를 찾기 위해 안달을 했지만, 요즈음은 하늘도 보고 주위도 둘러본다. 잃은 것이 많다고 생각했는데 새로 얻은 작은 것이 즐거움을 준다. 지금까지 살아오면서 부족하게만 느껴졌던 날마다의 삶이 소중했음을 깨닫는 순간 '행복하다'라는 말을 가끔 한다.

자신의 행복을 위해 필요한 조건을 이야기하는 회식자리에서, 로또 당첨, 높은 자리, 자녀의 SKY 대학 입학 등을 말하는 사람이 있었다. 조사에 의하면 로또에 당첨되었던 사람은 처음에는 굉장히 행복했지만, 시간이 지나면서 점차 행복감이 사라졌다고 한다. 그 사람이 행복하기 위해서는 계속해서 로또에 당첨되어야 한다. 로또는 평생에 한 번도 당첨되기 어려운 일이니 로또 행복의 파랑새를 찾기란 불가능한 일인지도 모르겠다.

이제 내가 엿본 '행복의 생얼'을 공개하려고 한다. 행복은 느끼는 사람에 따라 다르기 때문에 무엇이 옳고 무엇이 그르다고 말할 수는 없다. 행복의 강도를 원하는 사람도 있고, 작은 행복을 자주 바라는 사람도 있다. 강도란 얼마나 큰 조건이 충족되었느냐를 말한다. 큰 조건이 충족되었을 때는 행복의 크기도 매우 크다. 그러나 그 행복감도 영원히 지속되지 않고 얼마 지나지 않아 사라지고 만다.

이제 내 생각을 바꿔야 할 것 같다.

밥이라도 한번 먹자고 한 사람은 나를 행복하게 하는 좋은 관계의 사람이다. 전화를 해서라도 약속을 정하고 대화를 하면 행복의 빈도가 높아지리라 생각한다. 행복을 자주 맛보기 위해서는 사회적 관계가 좋아야 한다. 좋은 사람과 함께 살아야 하고 마음 편한 사람과 자주 대화를 하고 싶다.

소중한 사람도 다투는 경우가 생긴다. 중요한 일도 큰 잘못이 아닌데 무심코 뱉은 말 한마디로 티격태격하다가 등 돌리고 자기도 한다. 특별히 내세울 자존심도 없는데 한번 시작하면 상대의 서운한 점만 크게 보여, 먼저 말을 건네기가 싫다. 그래도 어쩌겠는가! 누군가가 먼저 손을 내밀어야 하고, 그 사람이 나라면 마음이 편해지는 작은 행복을 위해서 노력하고 싶다. 욕심껏 행복의 강도만을 기대하다간, 지금 가지고 있는 작은 행복마저도 강도당할지도 모른다.

불편한 진실 마주하기

살다 보니 별일도 다 있다. 아침마다 7시에 수영을 하러 차를 타고 나간다. 며칠 전 속도위반 통지서가 나왔다. 그것도 두 장이나! 교통 위반이 확실한 사진이 첨부되어 있으니 변명의 여지가 없었다. 잘못은 내가 했지만 은근히 짜증이 나고, 같은 것을 두 장이나 보낸 교통경찰의 무능한 처사에 화도 났다.

다시 자세히 보니 같은 날이지만 시간과 장소가 다르다. 어처구니없게도 4분 간격으로 두 번이나 위반하고 찍힌 것이다. 다음날 위반 장소를 확인하고 조심조심 액셀을 밟고 있는데 앞이나 옆 차선 차들은 쌩쌩 달린다.

"미련한 놈들, 너희들도 맛 좀 봐라."

이건 또 뭔가? 잘 달리던 차들이 카메라 앞에 가자 갑자기 조신하게 설설 기고 있다. 겁먹은 나는 멀리서부터 엉금엉금 기고 있는데.

여러 사람이 다양하고 복잡한 세상을 원만하게 살아가기 위해서는 질서가 필요하다. 이런 질서를 유지하기 위해 사람이 살 수 있는 최소한의 기준이 법이다. 사람들은 법에 기대어 산다. 법은 약자를 보호하기 위해 만들었지만, 아이러니하게도 강자들의 이익을 지키는 방패가 되어 버렸다. 많은 사람이 지키지 않으면 죽어버린 법이 되기도 한다. 법을 어기면 벌을 받아야 하는데도 국민의 80% 이상이 법을 무시해 버리는 위장전입은 청문회 때나 거론되는 웃기는 법이 되고 있다.

"이 웃기는 법을 한 번도 어기지 않는 사람은 경제의식이 없거나 무능한 사람이다."라고 말하는 사람이 많다. 그래서 그 법 때문에 범죄자가 양산되고, 안 지켜도 된다는 범법 의식을 키우고 있는 것 같다.

속도위반은 법 이전에 자신과 남의 생명을 위협하는 행위이다. 법으로 강제하기 위해서는 제한속도나 촬영 예고를 하지 않으면 단속하지 못한다. 교통법규를 잘 지키지 않는 곳일지라도 몰래 촬영한 함정단속은 법적인 효력을 상실한다고 한다. 참 좋은 나라다. 더구나 잘못을 했어도 돈만 내면 해결되고 벌점도 없다니 돈이 요술방망이며, 세상을 움직이는 보혈이라도 되는 모양이다.

두 번의 범칙금 납부로 내 운전 습관이 바뀌었다. 내비게이션에서 말하는 준수 속도를 지키고 있다. 더구나 조수석의 아내가 수시로 지도 조언하고, 잊어버리고 싶은 전력을 자주 거론하는 탓에 가속 페달을 밟기가 조심스럽다.

법을 어긴 사람을 볼 때마다 요즘 들어 체념이 늘어가고 있다. 그들도 어떤 사연이 있겠지 싶어 너그럽게 이해하는 마음을 가지려고 노력하고 있다.

눈을 뜨면 보이는 사실들이 불편할 때가 많다. 불편한 사실을 마주칠 때마다 진실은 하나이지만 반응하는 마음은 세 가지다. 적극 공감, 얼굴을 붉히며 반대, 이래도 저래도 좋다는 무관심이 있다.

의견 표출이 활발한 나라가 선진국이고 민주국가라고 하지만 우리나라는 좀 유별나다. 떼로 몰려다니며 악쓰고 자기만 '선'이라 우기니 앞으로 나아가야 할 에너지가 낭비되고 있다는 생각이 든다. 진실이 불편하다니 억지도 그런 억지가 없다. 그래도 어쩌랴. 말하기는 쉽지 않아도 속내를 알고 보면 당사자도 참 불편하긴 한 모양이다.

지인 C가 손자 돌잔치를 한단다. 자식보다 사랑스러운 것이 손자고 그 손자의 부모가 하나만 낳겠다고 작심하였으니 돌이 보통 돌이겠는가. 사랑이 깊으면 눈이 멀어서 잘 보이지 않는다. 할 수 있는 것은 다 해주고 싶은 마음에 지인들을 돌잔치에 초대한 것 같다. 3포, 4포가 낯설지 않고 주례 없는 결혼을 넘어 노 웨딩을 선호하는 사람도 많다. 이런 시기의 돌잔치 초대는 반응이 시큰둥할지라도 어쩔 수 없다.

더 난감한 사실을 꺼내보자. 결혼을 안 하거나 자식이 없어도 나이는 먹는다. 덜컥 치매라도 걸리면 말하기 어렵지만 어떤 방법으로라도 결론을 내려야 한다. 자식들이 먼저 의논을 한다. 많은 유산도 없지만, 있더라도 1/N이 법제화된 지금은 큰 자식이나 아들과 딸을 구별하지 않는다. 어쩔 수 없이 자식들이 돌아가면서 모시거나 요양원을 선택할 수밖에 없다. 겨우 문제를 해결했지만 어쩐지 마음이 불편해진다.

당사자인 부모가 문제다. 죽어도 요양원에 안 가겠다는 사람이 있다. 공감이 간다. 좋은 것이 항상 옳은 것은 아니다. 요즘처럼 먹고 살기 어렵고 바쁜 세상에 형편이 넉넉한 사람이 몇이나 되겠는가. 현명한 부모는 말한다.

"자식을 위해 모든 것을 희생한 마당에 한 번 더 마음을 비우면 집안 모두가 편안해진다."

아직 자식들에게 공표는 안 했지만 나도 유언처럼 써놓은 편지가 있다. "내가 치매나 거동이 어려워지면 고민하지 말고 노인요양원으로 꼭 보내라."

불편한 사실일수록 마주하고 누군가가 먼저 마음을 열면 일의 가닥이 쉽게 잡힌다. 덮어서 덮어질 수 없는 것이라면 마주해야 한다. 불편한 사실은 늘어나고 마주 대하려는 용기 있는 사람을 만나기 어려워지는 현실이라 걱정이 깊어지고 있다. 어쩌면 산다는 것 자체가 불편한 진실을 마주하는 것인지도 모르겠다.

삶의 행간 읽어내기

자주 가는 식당이 있다. 점심때는 번호표를 뽑고 한참 기다려야 한다. 그곳 음식이 특별히 맛이 있는지는 모르겠다. 하지만 무언가 끌리는 점이 있다. 식당 주인은 기다리는 사람이 많아도 절대 서두르는 법이 없다. 먼저 온 사람들이 먹는 모습을 보며 침이 고이기도 하고 느긋하게 먹을 때는 특별한 대우를 받는 느낌이 든다.

더구나 국이 부족하거나 더 먹고 싶을 때 "국물 좀 더 주세요!"라고 하면 식당 주인은 국물에다 건더기까지 듬뿍 가져다준다. 식당 주인이 손님 말에 숨어 있는 행간을 정확히 읽는다는 증거가 아닐까. 식당 주인이 손님의 말을 곧이곧대로 들어 국물만 준다면 손님들이 그렇게 줄을 서서 기다리는 일은 없을 것 같다.

행간은 쓰거나 인쇄한 글의 행과 행 사이를 말한다. 글에 직접 나타나 있지 않아도 그 글을 통하여 나타내려고 하는 숨은 뜻을 비유적으로 이르는 말이기도 하다. 행간은 글에만 있는 것이 아니라 말과 말 사이에 있는 침묵도 행간의 의미가 있다. 그래서 대답이 없는 것도 대답이라고 한다. 그림에도 행간이 있다. 특히 동양화는 여백이라는 행간을 통해 숨겨진 뜻을 많이 드러내고 있다. 음악에도 '행간'이 있다. 음과 음 사이의 쉼표는 침묵을 통해 연주된 노래나 다음에 노래할 음악을 새롭게 한다.

내 삶에도 아픈 행간이 있었다. 원하지 않는 교육대학에 들어간 것을 변명 삼아 '자의 반 타의 반'이란 말을 노래 부르듯 달고 살았다. 지금은 여기에 있지만 꿈은 더 높은 곳에 있다는 말이었다. 쑥스럽게도 그때의 선택이 전화위복이 되어 요즘은 감사하며 은근히 자랑을 하고 있다.

아내는 내 목소리가 크고 행동이 성급하다고 걸핏하면 타박한다. 우리 형제 대부분 목소리가 크기는 하지만 유전은 아니다. 아마도 내 목소리가 크고 행동이 성급한 것은 자꾸만 무너지려는 나약한 마음을 감추려는 안타까운 행간이 있었던 게 아닌지 모르겠다.

친구 C는 아내와 한 번도 싸우지 않고 알콩달콩 살아서 모두가 부러워했는데 큰애를 결혼시킨 지 얼마 되지 않아 아내를 하늘나라로 떠나보냈다. 사랑이 깊으면 이별도 힘들다. 이제 새 삶을 시작하는 자식이나 남은 자식에게 짐이 되지 않으려면 아버지가 힘을 내서 살아야 하고, 살기 위해선 떠난 아내의 자리를 채워야 했다.

아버지의 마음을 모르는 자식도, 속에 있는 말을 다 할 수 없는 그

아버지도 힘들어했다. 그러나 상처는 세월이 약이 되었다. 자식이 아무리 잘해도 새엄마의 보살핌과 비교할 수는 없었다. 자식이라고 서운한 마음이야 어찌 없었겠는가! 그러나 지금은 아버지를 걱정하지 않는단다. 아버지 곁에 새엄마가 있어 먹고 입는 것, 늦은 밤도 혼자 외롭지 않을 것이라 믿기 때문이란다. 아이를 둘이나 낳아서인지 철이 들었다며 이제는 아버지 마음의 행간을 바르게 읽을 수 있는 지혜가 생겼다고 말한다.

내가 근무했던 교육계에도 행간이 있다. 해야 할 일이나 하고 싶은 일을 스스로 찾아서 선택하고 노력할 수 있게 하는 것이 핵심인 '셀프 교육'이다. 경쟁에 쫓긴 학부모, 교사, 학생들이 서로의 행간을 잘못 읽어서 셀프 교육이 제대로 이루어지지 않고 있다. 자식을 위한다면서 막무가내로 부모가 강요하는 공부 때문에 자식의 삶이 행복하지 않다. 스스로 선택하고 노력하여 만든 결과는 본인이 책임져야 하지만 강요된 공부의 결과는 고통만 있고 보람은 없다. 그래서 학교는 학생들에게 그렇게 즐거운 곳이 아니다. 공부라는 말만 들어도 긴장되고 숨이 턱턱 막힌다고 한다.

사랑에도 행간이 있다. 사랑은 마음으로만 하는 명사형 사랑이 있고, 표현하고 행동으로 하는 동사형 사랑이 있다. 명사형이 진실하지만 동사로 표현되지 않으면 증명될 수 없는 것이 사랑이다. 힘든 세상을 살아오면서 바쁘다는 핑계로 동사형 사랑을 하지 못하고 이름뿐인 명사형 사랑을 한 것 같다. 요즘 젊은 세대의 부부였다면 사달이 나도 큰 사달이 났을지도 모른다. 그 시절 문화가 조금은 도움을 주기도 했지만 명사형 사랑만으로 견디어 준 아내가 나로서는 무척 고맙다.

이제는 내가 살아왔던 방식으로는 더 이상 안 된다. 언론이 너무 특별한 사례를 일반화한 탓에 애꿎은 남자가 사랑의 힘든 짐을 지고 있는 것 같다. 그 많은 기념일과 특별한 이벤트를 사랑이라는 이름으로 모두 감당하기에는 시간에 쫓기고 힘들어 머리에 쥐가 나는 형편이다. 사랑을 생각하는 서로의 행간 간격이 너무 크게 느껴진다.

백수의 자유로움과 자식을 모두 출가시킨 홀가분함을 자주 구가하고 있다. 어쩌면 지나버린 젊음의 아쉬움과 남은 삶을 허전하게 느끼고 있는지도 모른다. 우리는 함께 살아가면서 상대방 삶의 행간을 잘 읽으면 관계가 훨씬 부드러워진다. 삶의 행간은 부모와 자식, 세대와 세대, 남과 여의 갈등이 되기도 한다. 세상을 살아갈수록 숨은 행간의 중요성을 실감하지만 행간을 바르게 읽어내기가 생각만큼 쉽지 않다는 점이 문제다.

아직도 숨은 행간과 숨바꼭질 놀이를 더 해야
행간의 쓴맛 단맛을 음미할 수 있을 것 같다.

팀추월

팀추월 경기는 스피드 스케이팅 종목으로 한 팀에 세 명이 함께 하는 단체 경기이다. 남자 여덟 바퀴, 여자 여섯 바퀴를 도는 이 경기는 마지막 주자가 결승선을 통과하는 시간으로 순위를 정한다. 따라서 팀추월 경기에서는 종종 체력이 떨어지거나 능력이 부족한 선수를 중간에 두고 마지막 주자가 밀어주는 작전을 많이 쓴다.

천재 한 명이 국민 100만 명을 먹여 살린다고 한다. 경쟁이 치열한 세상을 살기 위해서는 그만큼 능력이 뛰어난 사람이 중요하다. 하지만 몇 사람 덕분에 앞으로 이끌려 나아간 경기나 가정, 직장, 국가는 오늘은 있으나 미래가 불안하다.

'빨리 가려면 혼자 가고, 멀리 가려면 함께 가야 한다'라는 말에 공감이 간다. 아침 7시에 수영하러 가는 습관이 3년째 계속되고 있는데도 시간 맞추기가 힘들다. 늦게 일어나는 아내를 핑계로 하루 쉬어야 할 이유를 만들려는 신경전이 반복되고 있다.

"빨리빨리 나오세요!"

"먼저 나가서 차 빼세요."

그때마다 내가 하는 말이 있다. "팀추월!"

항상 먼저 나가라 하지만 기다리는 시간이 길다. 늦었다면서 나중에 해도 될 설거지는 왜 지금 하며, 음식물 봉지를 들고 나오는 행동을 이해할 수 없다. 여러 번 팀추월에 대해 말했는데 이해하지 못하는 것일까? 혹시 벌써 기억에 장애가 있어 깜박하는 것일까, 괜한 걱정을 하게 한다.

지난 토요일 6시 야탑역 약속을 무척 기다렸다. 지나도 한참 세월이 흘러버린 40년 전 초임 시절 제자들이 초대한 모임이었다. 약속 시간이 한 1시간이나 지났다. 먼저 온 사람들이 오랜만에 만난 까닭에 할 말이 많아서 지루한 줄 모르고 기다렸다. 졸업 앨범에 확인한 숫자가 52명이었는데 어제는 9명이 참석했고, 카톡으로 5명이 소식을 전해왔다. 광주, 전주, 대전, 시흥, 인천, 성남, 서울 등 사는 곳이 각각이었다. 형편은 다르지만 보고 싶은 추억의 고마운 정이 그들을 한자리로 이끌었나 보다.

졸업 후 처음 만나는 제자가 세 명 있었다. 이름이 달라지고 얼굴이나 키도 많이 변했다. 이야기하다 보니 그때 그 모습이 어느 한 구석에 남아 있었다. 잊었던 기억을 들추어낼 때는 긴 시간을 뛰어넘어 그 시절의 제자가 되었다.

누구나 살아온 삶에 자기만의 이야기가 있다. 그래도 J는 조금 특별했다. 작은 키에 눈이 크며 공부를 잘해 기대했던 J가 고등학교만 졸업하고 공무원이 되었다. 대학 입시 재수를 하던 중에 아버지의 권유로 교육행정직 시험에 응시했는데 덜컥 합격했다. 낯선 신안 벽지 학교로 발령을 받았다. 입시가 코앞이라 망설이는데 아버지가 강권하여 부임했다. 대입시험 전날 태풍 때문에 뱃길이 끊겨 시험을 보지 못해 대학 진학의 꿈을 접어야 했다. 지금은 도교육청 교육위원회 과장으로 있다. 제일 늦게 온 J가 오자마자 식당 바닥에 엎드려 큰절을 하는 통에 많이 당황했다. 만류했지만 속으로는 은근히 기분이 좋았다. 누가 이런 절을 받을 수 있겠는가!

제자 한 녀석이 잊고 있던 기억을 끄집어내어 J의 비화를 폭로하자 이구동성으로 J의 버릇을 타박했다. J의 불편한 진실은 미숙하지만 열정이 넘쳤던 초임교사인 나의 유별났던 교육방법이 원인을 제공했다. 즐겁게 협력하며 자기 주도적으로 학습하는 능력을 기르고자 모둠활동을 많이 했다. 한 모둠에 여섯 명씩 능력은 다르지만 서로 협력하여 공부, 체육, 봉사활동, 과제 해결, 오락 등을 해결해야 했다. 모둠장인 J가 느리고 욕심이 적어서 모둠별 경쟁에서 항상 뒤졌다고 야단이었다. 경쟁은 있었으나 개인별이 아니라 모둠별로 협력해야 목표를 달성하는 팀추월이었다.

친구 P는 40년 넘게 이어온 고등학교 동창 모임의 총무로 아는 것이 많고 생각이 빠르다. 그가 말하는 정치적 판단이나 견해에 공감할 때가 많다. 그는 늘 화제의 중심에 있고 다양한 이야기에 다들 즐겁게 웃는다.

이 동창회가 이런저런 이유로 회원 수가 줄어서 지금은 10명밖에 남지 않았다. 다시 한번 결속을 다지고자 1년 전부터 계획을 세워 부부동반 동남아 여행을 추진했다. 계약하고 잔금 지불하기 전날 자식이 아프다며 K가 참석할 수 없다고 했다. K의 형편이 좀 어렵다는 말을 들은 적이 있어서 혹시나 하는 생각을 했다.

총무가 고생한 덕분에 여행을 잘 다녀왔다.

지난번 모임에서 P가 K의 자식이 아프지 않았는데도 거짓말을 해서 여행 추진이 힘들었다고 불평했다. 아무리 그래도 이번 P의 말은 도를 넘었다. P의 말이 사실일지라도 밝히지 않아야 할 때가 있는 것 같다. 쉽게 뱉은 말에 깊은 상처가 생기고 돌이키기 어려운 결과를 남겼다. 결국 K가 모임을 탈퇴했다. 동창회 모임이 서로가 의지하고 위로하며 힘든 삶을 살아간다는 생각을 잊은 모양이다. 여러 가지 이유로 탈퇴한 친구들을 안아 주지 못한 미안함이 팀추월을 생각할 때마다 가슴을 시리게 한다.

가정이나 직장, 국가는 형편도 다르고 능력, 성격, 생각이 제각각인 사람이 모여 산다. 옳은 것은 옳지만 너무 앞서가는 사람도 한 번쯤 뒤를 돌아볼 수 있는 배려가 있어야 할 것 같다. 어차피 함께 가야 할 사람이라면 불평하고 비난한다고 문제가 해결되지는 않는다. 목표를 달성했을지라도 함께한 가족이나 동료가 힘들고 불행해진다면 목표

달성의 빛은 바래진다.

우리나라 국민성이 뜨겁고 빠른 덕분에 여기까지 오기는 했지만 이제는 팀추월을 생각할 때다. 모두가 원하는 행복도 팀추월이라는 과정을 이해하고 실천할 때 더 가까이 우리에게 온다. 막말, 편 가르기, 아니면 말고, '내로남불'은 팀추월의 방법이 아니다. 조금 불편하고 마음에 들지 않아서 나만 먼저 가 보아야 기록은 늦게 오는 사람에 의해 결정된다.

날마다 팀추월을 다시 생각해 보고 익숙해지는 따뜻한 삶이 계속되었으면 좋겠다.

잔소리 해부하기

잔소리하면 먼저 생각나는 사람은 어머니다. 어려서는 못된 행동이나 해야 할 일을 안 할 때 많이 하셨다. 나이가 든 후에도 자식을 걱정하는 마음에 "차 조심해라. 아침을 거르지 마라." 하는 말을 쉬지 않고 하신다. 늘 듣는 말이어서 흘려듣거나 귀찮아서 알았으니 걱정하지 말라고 건성으로 대답하기 일쑤였다.

잔소리도 유전이 되는 모양이다. 그렇게 싫어하던 어머니의 잔소리를 시집간 딸이 자기 자식에게 너무나 똑같이 하고 있다. "씻고 자라. 일찍 들어와라."

사랑이 없으면 잔소리도 안 한다. 옛날과 달리 요즈음 어머니는 대부분 고등교육을 받아 배울 만큼 배웠고, 리모컨만 누르면 명강사의 수준 높은 강의를 시청할 수도 있다. 그런데도 옛날의 우리 어머니나 오늘날 신세대 어머니가 똑같은 잔소리를 하는 것을 보면 몰라서 하는 잔소리가 아니라 사랑에서 우러난 잔소리임에 틀림없다.

결혼을 하면 잔소리 제공자가 더 늘어난다. "너무 술을 자주 먹는다. 양말을 뒤집어 내놓는다."라는 말은 아내의 레퍼토리이다. 자식 키우기도 벅찬 아내가 남편까지 챙기려니 힘들기도 하겠다. 잔소리도 오래 듣다 보면 면역이 생겨 약효가 떨어진다. 그 마음은 알겠는데 가슴에 와 닿지 않는다. 조금 다르게 처방하면 좋을 것 같은데 유효기간이 지난 약을 계속 먹으라 하니 좀 견디기 힘들다.

그런데 어쩌랴, 못 말리는 남편. 잠깐 한눈팔면 해롱해롱 해서 옆집 초인종을 마구 눌러대고, 짝짝이 양말을 신고 출근해 아내 망신을 시키고 만다. 옛말에 '속을 모르면 청산으로 시집가지 말라'는 말이 있는데 잘 모르면 말하지 말라는 뜻이다. 그런데도 잔소리 안 하는 친구 아내를 칭찬하면서 멀쩡한 아내 속을 뒤집어 놓는다. 그 친구는 돈도 잘 벌어오고 일찍 퇴근하여 자식들 공부를 도와준다는 말은 몇 번을 말했는데도 기억하지 못한다.

이제는 자식들 잔소리가 더 무섭다. "TV를 너무 오래 보면 눈이 침침해지니 조금 줄이세요. 운동을 해야 다리에 힘이 생겨 넘어지지 않아요." 한다. 그동안 힘들게 가르친 보람은 있지만 자식의 잔소리를 듣기에는 조금 민망하고 난감하다. 그런데 손자의 잔소리는 들을 만하다고 한다. 골초인 내 친구는 금연하라는 아내의 잔소리를 40년 간 이겨 왔는데 "할아버지, 냄새나니 담배 끊어요."라고 손자가 말해서 당장 끊었단다. 함께한 친구들이 잔소리 중 가장 위력 있는 잔소리는 손자 잔소리라고 이구동성으로 맞장구를 쳤다.

잔소리는 옐로카드다. 옐로카드는 주로 스포츠 경기에서 규칙을 어긴 선수에게 주는 페널티다. 그것은 질서 있고 정당한 운동 경기를 위해 꼭 필요한 제도적 장치라 할 수 있다.

우리 몸에도 잔소리 옐로카드가 있다. 물이나 청량음료가 마시고 싶다면 몸에 탈수가 심하다는 신호다. 짠 음식이 먹고 싶다면 땀을 많이 흘려 체내 나트륨이 부족하다는 옐로 카드다. 고소한 버터나 견과류를 먹고 싶다면 지방 섭취가 부족하다는 잔소리다. 이렇게 우리 몸도 건강을 유지하기 위하여 신체의 잔소리인 옐로카드를 보낸다. 현명하지 못한 사람들은 이 잔소리를 무시하거나 잘못 해석하여 건강을 잃은 사람을 자주 본다.

지인 K는 아내가 염소 같다고 하소연을 했다. 시시콜콜 간섭하고 끊임없이 말과 행동을 지적해서 힘들고 피곤해서 밖으로만 돈다고 한다.

염소와 양은 비슷하게 생겼지만 성질이 많이 다르다. 양들은 본성이 순하여 목자를 잘 따르지만, 염소는 가만히 있지 못하고 힘이 좋아 이리저리 뛰어다니며 닥치는 대로 뿔로 받는다.

성지 순례를 가면 이스라엘 광야에서 방목하는 양 떼를 자주 본다. 양들이 무리지어 다니고 땅이 척박하여 먹을 풀이 많지 않기 때문에 양치기가 쉽지 않다. 영리한 주인은 양 무리 안에 염소 몇 마리를 넣어둔다. 염소가 양 가운데 섞여 이리저리 뛰면서 양들을 들이받으면 양들은 도망 다니며 흩어진다. 그러다보면 그곳에 새 풀이 있을 뿐 아니라 자연히 운동도 되어 양들이 건강하게 자란다고 한다.

대부분의 사람들은 평온하고 반복되는 것을 좋아한다. 염소나 잔소리가 양이나 가족에게 조금은 귀찮은 존재일 수 있다. 살다보면 나를 힘들게 하는 염소과에 속하는 사람을 자주 만난다. 여러 번 마음을 다스리지만 성가시고 때론 불편한 감정이 생기기도 한다.

어제 K를 만났는데 얼굴이 평안하게 변했다. 무슨 좋은 일이 있느냐고 물었더니 픽 웃으며 이제는 염소 아내가 아니란다. 깜짝 놀라 쳐다보았더니 아내는 그대로인데 자기가 마음을 바꾸니 잔소리의 염소 뿔이 그렇게 아프지 않다고 한다.

아내의 잔소리는 오늘 아침에도 길었다. 저녁에 눈이 많이 온다는 일기 예보를 듣고 모임에 나가는 나에게 길이 미끄러우니 일찍 들어오라는 당부가 이어졌다. "알았다."라는 내 답변을 믿고 늦게까지 기다리느라 속이 탔던 모양이다. 그래도 그렇지 아침의 잔소리는 참 견디기 힘들다.

아내의 잔소리가 많아지면 가정의 평화를 위해 나의 행동이 변해야 한다. 자식이나 남편에게 꼭 필요한 것, 부족함을 미리 알리는 아내의 사랑은 잔소리라는 쓴 약으로 처방된다.

잔소리라 생각하는 사람들은 사랑의 약효가 약해지고, '지도 조언'이라 말하는 사람은 어떤 명의가 처방해준 약보다 훌륭한 보약이 된다. 아직도 나는 지도 조언 단계는 아니지만 조금씩 잘 견디고 있다. 어처구니없게도 내 머리에 달린 염소 뿔은 생각하지 못하고 남의 잔소리만 해부한 모양이다. 아직도 덜 해부된 부분이 있지만 이 환자의 병은 많이 좋아질 것이라 처방을 내려 본다.

제4부

삶의 지평선

마음 산책

오늘따라 바람이 많이 분다. 아파트 경비원이 낙엽을 부지런히 쓸어 모으지만 발길에 차이도록 성가시다. 지난여름 나무들이 가지 벌려 그늘을 만들고 푸름으로 눈에 쌓인 피로를 풀어주던 기억이 벌써 아득하다. 주어진 사명을 다하고 벌거벗은 나무나 맥없이 굴러다니는 낙엽이 맞이하는 가을은 외로움이 진하게 묻어 있다.

어제 모임을 가진 대학 동창들의 모습에도 조금씩 낙엽의 쓸쓸함이 배어 있었다. 한때는 뜨거운 정열로 교단을 들썩였는데 세월에 밀려 자리를 내주었다. 요즘은 집에서도 있어야 할 자리가 불편하단다. 구석자리에 앉아 별말 없이 밥을 먹던 J가 막걸리 몇 잔을 먹더니 열을 냈다.

"연탄재 함부로 발로 차지 마라!"

이제는 자기가 낙엽이나 연탄재가 되어버린 것 같아서 함부로 연탄

재를 발로 차는 사람을 보면 화가 난단다. 골목길에 쌓여 있는 연탄재가 하찮게 보이지만, 그들은 자신의 모든 것을 불살라 남을 덥혀 주었다는 것이다. 먹고살기 위해, 먹여 살리기 위해서 쫓기며 살다 보니 아내 생일 한 번 제대로 챙겨주지 못했단다.

"여러분! 여행은 가슴이 떨릴 때 가야지 다리가 떨릴 때 가면 안 됩니다."

며칠 전 TV에서 본 강사 이야기를 하며 눈물을 훔쳤다. 친구들이 맞장구를 치고 있는데 옆에 있던 녀석이 이렇게 중얼거렸다.

"맞는 말이지만, 아이들 공부, 결혼 등 해줄 게 많아서 여행은 꿈도 못 꾸고 산다. 나중에 시집, 장가 다 보내고 그때나 가려고 한다."

그런데 나중은 없단다. 겨우 자식들이 결혼하여 분가하고 나니 아내가 덜컥 병이 났다. 허리가 구부러지고 무릎이 아파서 잘 걷지도 못하고 있다. 세상에 가장 허망한 약속이 '나중에'라고 하더니, 자기가 그 말을 실감하고 있단다.

무엇인가 하고 싶으면 지금 당장 실천에 옮겨야 할 것 같다. 영어로 'present'는 '현재'라는 뜻인데, '선물'이라는 뜻도 있다. 우리에게 주어진 '현재'라는 시간은 그 자체가 선물임을 알아야 한다. 오늘을 즐기지 못하는 사람은 내일도 행복할 수 없다고 한다. 자식이 해주지 않아서, 다른 사람 때문에 불행하다는 사람은 나중에도 불행하게 살기 쉽다. 진정으로 행복해지고 싶다면 가만히 앉아서 누가 나를 행복하게 해주기만을 기다려서는 안 된다. 먹고 싶은 것이 있으면 내가 알아서 내

돈으로 사 먹어야 한다. 행복해지고 싶다면 지금 당장 행복한 일을 만들어야 한다.

행복한 일을 만들려고 수필을 공부하러 다닌다. 한 시간 넘게 전철을 타려면 눈이 바쁘다. 서 있어도 되련만 혹시나 하며 빈자리를 찾느라 앉아 있는 사람을 살펴본다. 염색한 탓에 어르신이라고 자리를 양보하지 않으니 눈치껏 빨리 일어날 것 같은 사람 앞에 서야 한다. 서당 개도 3년이면 풍월을 읊는다 하지 않던가. 모습을 보면 마음이 조금씩 엿보인다. 졸고 있는 사람이나 핸드폰에 푹 빠져 있는 사람은 나하고 관계없는 사람이다. 주변을 자주 둘러보거나 전광판을 자주 쳐다보는 사람을 찾아야 한다. 그런데 한 시간 넘게 서서 갈 때가 있다. 눈이 피곤하기 때문에 마음을 잘 읽지 못한 까닭이다.

아이들을 가르치면서 가장 난감할 때가 있다. 꿈이 없다는 아이를 만났을 때다. 그런 아이는 의욕이 없어 공부나 생활에 교사의 말이 잘 먹히지 않는다.

여자는 얼굴로 늙지만 남자는 마음으로 늙는다고 한다. 마음에 이것저것이 가득 차서 늘 분주한 사람은 세월보다 앞서 늙어간다. 어쩌다 만난 후배들이 "갈수록 젊어지십니다."라고 인사한다. 잘 살고 있다는 생각에 기분이 좋다. 그런데 더 생각해 보니 쑥스럽다. 얼굴이 좋은 이유가 속이 없어 마음이 편하기 때문이라는 말을 들었기 때문이다.

마음먹은 대로 다 말하고 사는 사람을 본다. 듣는 사람 없는 곳에서 말하는 것까지 문제 삼을 이유는 없다. 하지만 뒷담화는 만족은 짧고 후회는 길다. 면전에서 할 수 없는 이야기를 뒤에서 하는 것은 곤란하다. 욕도 마찬가지다. 욕한 사람의 말을 들어야 할 사람이 듣지 않으면 그 욕은 했던 사람에게 되돌아간다. 이래저래 마음 한 번 편하자고 밖으로 표현한 말이 잘못 꼬이면 삶이 힘들어진다.

사람은 누구나 나름대로 콤플렉스가 있다. 내가 어떤 말을 했느냐가 중요하지 않다. 상대가 어떻게 느끼느냐가 중요하다. 콤플렉스를 건드리면 돌부처도 돌아앉는단다. 내가 마음먹은 대로 살아가는 세상이지만 상대의 마음을 알아야 한다.

추운 날씨지만 두터운 잠바와 목도리를 하고 산책을 나오니 기분이 상쾌하다. 산을 오를 때 보지 못했던 아름다운 경치가 내려올 때 보인다. 요즘 인생을 산책하며, 젊어서 깨닫지 못했던 삶의 행간을 자주 읽는다.

몸은 점점 느려지지만 마음은 늘 바쁘다.

눈이 내리고 얼음이 얼었다. 겨울이 깊어 가면 봄은 멀지 않다. 몸 산책이 어려우면 마음 산책이라도 자주 해야 할 것 같다.

인생의 간 맞추기

"어우, 짜!"

자식들과 함께한 저녁 식사 자리에서 국이 짜서 음식 타박 같은 말을 하고 말았다. 요즘 들어 아내의 음식 간이 조금 짠 편이다.

음식은 영양이 목적이지만 음식의 가치는 맛에 있다. 음식의 맛은 간이 좌우한다. 재료가 아무리 좋아도 간이 맞지 않으면 재료의 맛이 살아나지 않는다. 맛집이라고 하는 식당에 가 보면 음식의 간이 좀 강한 편이다. 세상살이가 힘들고 경쟁이 치열하다 보니 자극이 강해야 만족도가 높아지는 것 같다. 그래서 저녁 외식이 있던 날은 자다가도 자주 일어나 물을 마신다.

아침을 준비하는 사람은 아침을 기다리지 않는다. 우리 집은 아직 별이 총총할 때 거실에 불이 환하게 밝혀져 있다. 기도로 시작한 준비가 아침 단상 글쓰기를 거쳐 해독주스까지 마무리하려면 두 시간이 족히 필요하다. 삶이 그렇듯이 아침 준비도 서로 밀접하게 이어져 있어서 어느 것 하나 소홀할 수 없다. 지난밤이 편안해야 기도가 막히지 않는다. 깨닫지 못한 것은 회개할 수 없고 자신의 연약함을 인정해야 기도가 나온다. 이런 하루 습관은 앞으로도 변함없을 것이다.

내가 살아온 길은 아는 길과 모르는 길이 섞여 있었다. 하지만 지금은 모두 희미해진 길들이 되었다. 인생의 시계가 오후로 접어들고 보니 절박함은 사라졌다. 지나온 길에서 깨달음을 빙자해 곧잘 인생의 간을 맞추려고 참견한다.

세상이 급하게 변하지만 새로운 것은 없는 것 같다. 전에 있던 것이 다시 있거나 모양이나 상황만 바뀐다. 우리의 삶도 있었던 일이 되풀이 된다. 있었던 일을 기억한 사람은 현명한 사람이 되고, 무시하거나 기억하지 못하면 늘 지내놓고 후회하게 된다. 그래서 사랑하는 사람은 그들의 인생에 간을 맞추기 위해 서로 참견하며 노파심으로 안타까워한다.

세상인심은 특별히 누구에게만 후하거나 박하지도 않았다. 노력한 만큼 기회가 주어진다. 단지 크기나 시기는 사람이 어쩔 수 없는 하나님의 영역이다. 가장 어렵다는 사람과의 관계에도 길은 있다. 특별한 관계가 아닐 때는 자기에게 이익이 되거나 공감이 가는 쪽으로 움직인다. 특별한 관계를 만들기 위해 서로 사랑하고 대가 없이 희생한다. 마음이 움직이면 책임질 수 없는 정까지도 주곤 하는 것이 또한 인생이다.

지난 세월의 조급함을 늙지 않고 익어가는 느긋함으로 대치하려고 한다. 하지만 끝나지 않은 소망의 끝자락이 남았는지 가끔 당황스런 욕심을 내보일 때도 있다.

아무리 세상이 돈에 죽고 살기는 하지만, 궁극적으로는 사람이 먼저다. 대박이나 한 순간 모아진 권력은 시간이 지나면 사라지는 것을 자주 보았다. 먹기에 곶감이 달기는 하지만 탐내지 말아야 할 것을 탐내거나 가지 말아야 할 곳을 기웃거리면 안 된다.

나이가 드니 세상사에 대한 욕심이 줄어든다. 욕심을 줄이니 안 보이던 것이 보이고 상황이나 사실에 편견이 적어진다. 이제는 점차 가야 할 끝을 의식하며 산다. 아침과 저녁의 반복이 하루이고 가끔 울리는 카톡이 세상과 소통하는 길이 되고 있다. 얼굴과 손은 세월의 수묵화와 같아서 내 삶의 흔적이 고스란히 새겨져 있다. 안달하던 때도 있었지만 이제는 거울을 보아도 낯설지 않아서 좋다.

오랜 세월이 지났어도 하룻밤이 지난 듯 이름이 기억나는 사람이 있다. 그는 나에게 무척이나 중요한 사람이거나 잊을 수 없는 사람일 것이다. 내 인생 참견이 약이 되어 서로의 간이 맞았으면 좋겠다.

인생의 간도 잘 맞아야 살아갈 맛이 난다. 사람이 모이는 곳에는 언제나 간이 필요하다. 가정이나 학교, 교회, 사회, 국가도 마찬가지이다. 인생의 간은 혼자서 맞추기 어렵다. 사랑이라는 이름으로 하나가 된 부부도 서로의 입맛을 저울질해야 한다. 부부도 간이 중요하다. 말이나 행동, 종교, 취미, 습관, 생각 등에서 인생의 간에 차이가 드러날 때가 많다. 정답이 없는 삶인지라 가정마다 간의 정도나 간을 다루는 사람이 다를 수 있다. 치열하고 바쁜 세상을 살기 위해서는 간의 책임이 누구에게나 있다. 역할을 미루거나 정성을 다하지 않으면 출발은 모두가 부러워했지만 끝이 아름답지 못할 수도 있다.

나는 땅끝 해남에서 태어나 쉽지 않은 세상을 살아왔다. 세 번의 깊은 좌절을 겪기도 했다. 늘 눈앞에 있는 선택은 시간에 쫓기었고 확신할 수 없어 힘들었다. 직업도 결혼도 신앙도 수시로 삶의 간이 갈등이나 장애가 되었다. 다행히 신앙과 자식은 믿음이라는 안전판으로 여기까지 왔다. 힘들고 길었던 직장이나 자식에 대한 책임의 멍에를 이제는 벗었다.

남은 인생 간은 믿음의 삶과 40년을 함께 살아온 아내에게 사랑의 빚을 갚는 일이다. 말이야 늘 듣기 좋게 하지만 한 발자국 내디딜 때마다 약속한 결심이 흔들릴 때가 많다. 아내를 돕는다고 가끔 요리할 때 하는 음식의 간보다 인생의 간을 맞추기가 어렵다. 그래서 요즈음 나는 부부의 간을 "알았어요!"하며 입으로 맞추려고 노력한다.

일해백리

세상에 어떤 것도 다 좋은 것은 없다. 만병통치약도 없다. 광고를 보고 귀가 얇은 사람은 말하지 않는 것까지 믿고 구매한 뒤에 후회한다. 예쁜 장미도 가시가 있고, 사랑한다며 결혼하여 40년을 함께 살아온 아내에게도 견디기 힘든 잔소리가 있다. 그럴 때마다 스스로 부족하다고 말은 하면서도 상대의 조그만 잘못을 용서하지 못할 때는 '일해백리(一害百利)'라는 말을 생각한다.

일해백리는 한 가지는 해로우나 백 가지가 이롭다는 말이다. 말도 안 되는 것 같지만 마늘을 두고 하는 말이란다. 마늘은 강한 냄새를 제외하고 많은 효능이 있다. 살균 및 항균 작용, 체력증강, 강장효과 및 피로해소, 정력증강, 동맥경화 개선, 신체노화 억제, 냉증, 동상 개선, 고혈압 개선, 당뇨 개선, 항암작용, 아토피성 피부염의 알레르기 억제, 정장 및 소화촉진, 해독, 신경안정 등에 좋다. 2002년 미국 타임지가 마늘을 세계 10대 건강식품 중의 하나로 선정했다.

요즘 삼겹살이 아프리카 돼지열병으로 가격이 오르고 있다. 삼겹살을 워낙 즐겨서 자주 먹기는 하지만 그냥 먹기는 기분이 조금 찝찝하다. 그래서 마늘과 함께 먹는다. 마늘을 먹고 나면 역한 냄새가 난다. 붐비는 전철을 타거나 데이트 약속이 있을 때는 금기 식품이다. 마늘 냄새를 없애려고 많이 고민했다. 의외로 간단한 방법이 있다. 우유를 천천히 마시거나 녹즙 또는 재스민차, 허브차를 약간 진하게 타서 마시면 효과가 있다.

하루의 끝은 자정이지만 내일의 시작이기도 하다. 오늘은 늘 계속되는 하루의 연속인데도 눈을 뜨는 새벽마다 마음이 설렌다. 해야 할 일이 남아 있는 탓에 쫓기고 아쉬웠던 시간도 해를 바꾸고 나니 또 다른 모습으로 다가온다.

내 고향은 해남군 계곡면 여수리이다. 등 뒤로 월출산이 있고 앞에는 '등생이 들'이라는 넓은 평야가 있다. 지금은 삼호 앞바다를 막아 간척지가 되었지만 멀지 않은 곳에 바다도 있었다. 생활의 주 무대가 아닌 까닭에 그저 바라볼 때가 많은 그 바다에는 또 다른 세상이 살아 있었다.

썰물 때 시커멓게 갯벌이 맨살을 드러내면 부모의 눈을 피한 개구쟁이들이 모험을 시작했다. 꼬막이나 맛조개를 캐고 웅덩이에 갇힌 망둥어와 서대를 잡기도 했다. 개웅이라는 물길을 따라 정신없이 내려가다 보면 어느 틈에 물살이 방향을 바꾼다. 밀물이다. 밀물은 빠르게 밀려온다. 갑자기 넓어진 바다와 하얗게 부서지는 파도에 쫓겨 갯등을 달릴 때는 등줄기가 서늘해진다. 허둥거리는 발목을 휘감은 갯벌에 몇 번이나 무릎이 꺾여 짠물을 들이켜고 겨우 갯가로 나오면 "살았다."라는 비명이 여기저기서 터졌다. 파도가 갈 길이 막혀 해안 바위를 때리면 어둑해진 길을 따라 집으로 돌아왔다. 부모님의 야단이 무서워 애써 잡은 조개를 갯가에 숨겨놓기도 했다.

밀물은 일정한 시각에 밀려들어오는 바닷물을 말하고, 썰물은 밀물과는 반대로 일정한 시각에 빠져나가는 바닷물을 말한다. 밀물과 썰물은 주로 달의 인력 때문에 바닷물이 끌려 이동한다. 밀물과 썰물의 주기는 약 12시간 25분이라고 한다. 밀물 때가 되어 바닷물이 가득 차면 배들이 그물을 던져 고기를 건져 올린다. 가끔 그 작은 바다에도 풍랑이 일어 바닷가 사람들의 눈물이 되기도 했다.

인생도 밀물과 썰물이 있다. 미국의 유명한 강철왕 앤드류 카네기는, 젊은 시절 세일즈맨으로 이집 저집을 방문하며 물건을 팔러 다녔다. 어느 날 한 노인 댁을 방문하게 되었는데, 그 집에 들어서자마자

카네기가 완전히 압도되고 말았다. 그 집의 벽 가운데 걸린 그림 때문이었다. 그 그림은 쓸쓸한 해변에 초라한 나룻배 한 척과 낡아 빠진 노가 썰물에 밀려 흰 백사장에 제멋대로 널려 있는 풍경이었다. 그림 하단에는 '반드시 밀물 때가 온다'라는 짧은 글귀가 적혀 있었다. 카네기는 그림과 글귀에 크게 감명을 받았다. 집에 돌아와서도 그 그림으로 인하여 잠을 이룰 수 없었다. 그래서 다시 그 노인 댁을 찾아가 그

그림을 자신에게 달라고 간곡히 부탁했다. 노인은 그 그림을 카네기에게 주었는데, 카네기는 그의 사무실 한가운데에 그 그림을 일생 동안 걸어 놓았다.

며칠 전에 아내가 햇마늘 한 접, 50개 들이 두 망을 사 왔다. 따지고 보면 별 차이도 없는데 마트에서 싸다고 사람들이 줄을 지어 샀단다. 10분 거리를 무겁게 들고 와서는 손가락, 손목이 아프다고 야단이다. 고생은 나도 했다. 마늘 줄기를 가위로 자르고 베란다에 앉아 30통을 한 시간 동안 깠다. 허리도 아프고 손가락이 아렸다. 기껏 고생하고도 쓸데없는 일을 했다고 잔소리를 실컷 들었다. 좋은 방법은 마늘을 조각내어 하루쯤 물에 담가 놓았다가 위생장갑을 끼고 까면 쉽단다. 어째서 나이 들수록 여자만 더 현명해지는지 모르겠다. 손가락 끝에 밴 냄새를 지우려고 물에 식초 몇 방울을 떨어뜨려 씻었더니 다행히 말끔하게 없어졌다.

아무리 '일해백리'라 해도 한 가지 해로움을 견디지 못하면 백 가지 이로움을 취할 수 없다. 부자나 높은 권세, 훌륭한 명예, 아름다운 아내가있는 사람도 한 가지 해로움은 있다. 복도 그냥 복은 없다. 내가 복을 담는 그릇이 되지 못하면 누리는 복보다 바라만 보는 복에 만족해야 한다.

그래도 남은 70통 마늘이 걱정된다. 더구나 한 해 동안 먹으려면 두 접을 더 사야 한다는 아내의 혼자 소리를 듣고 나니 마늘 냄새가 온몸에 밴 듯하다. 아, 마늘 냄새가 나를 힘들게 한다.

자식 사랑

코로나19가 가져온 생활의 변화가 무섭다. 강남으로 출퇴근하는 사위가 2주째 재택근무 중이다. 코로나19 이전에는 아침 7시에 출근해서 저녁 8시에 집에 들어오는 날이 보통이었다.

일이 바빠서, 식사 시간을 맞추기 어려워 끼니를 자주 거르다 보니 위장에 문제가 생겼다. 자식보다 예쁜 외손자의 아빠이고 보니 신경이 많이 쓰인다.

넘어진 김에 쉬어 간다는 말처럼 이런 기회에 맛있는 음식을 해 먹기로 했다.

"뭘 먹고 싶니?"

"아무래도 장어가 좋을 것 같아요."

"그래, 그거 한 번 먹자."

언젠가 어디서 들은 듯한 장어 스튜가 생각났다.

이름이 조금 생소하지만 건더기가 많이 들어간 걸쭉한 수프 형식의 요리를 스튜라고 한다. 88℃ 정도에서 서서히 오래 끓인다. 이 과정을 통해 질긴 재료가 연해지고 여러 가지 맛이 혼합된다. 채소는 당근, 양파, 순무, 감자 등 뿌리채소와 토마토, 샐러리 등을 많이 넣는다. 육류는 네모로, 가금육은 마디별로, 생선은 큰 도막으로 자른다. 소스는 채소 퓌레를 넣거나 밀가루, 달걀노른자를 섞어 걸쭉하게 만든다.

스튜는 중세 유럽에서 성을 방어하기 위해 밖으로 나가지 않고 다양한 영양의 식재료를 한꺼번에 넣고 만들어 먹은 요리이다. 주재료는 사람에 따라 달라질 수 있지만 요리 방법은 비슷하다.

사람의 품격도 오랜 세월 잘 가다듬고 푹 고아져야 맛이 진해진다. 성격이 급하거나 마음이 바쁘면 진짜 인생 스튜를 만들 수 없다. 한 순간 옳다고 믿고 주장했던 일들이 지나고 나면 부끄러워질 때가 많다. 옛날에는 덮어지거나 스치고 지나가는 세상이었지만, 지금은 어디엔가 기록으로 남아 있다. 스튜에 첨가되는 야채가 풍미를 더해 주듯이 자식 인생 스튜에도 누군가의 조언과 격려가 필요하다. 친구도 지인도 나를 닮은 사람이 주류를 이루는 것이 보통이다. 자식에게 줄 인생 스튜에 혹시나 빠진 것이 없나 염려한다.

휘이잉 휘잉 바람소리와 거실 블라인드가 따다닥 딱 부딪히는 소리에 잠이 깼다. 거실 창문을 닫고 시계를 보니 3시 30분이다. 오늘도 비가 오려나 걱정되어 핸드폰으로 일기예보를 열었다. 하루 종일 비가 내린다는 예보다. 목요일은 수필 공부가 있는 날인데 한 주간 여름방학을 했다. 옳다구나 하며 오전 11시에 인천 친구들과 만나기로 약속을 했다. 핸드폰을 닫으려다 카톡을 보니, 아들이 이번 주는 일이 있어 우리 집에 못 온다는 메시지가 와 있다. 며칠 전에 며느리가 보낸 메시지가 생각났다.

"아버님, 지난번에 해주신 김치전 정말 맛있게 잘 먹고 있어요. 요새 입맛이 없어서 그것만 반찬으로 먹어요. 맛있게 해 주셔서 감사합니다."

그래, 모임 장소가 아들네 집과 가까우니 김치전을 부쳐서 가는 길에 갖다 주면 좋겠다.

지난번에 김치전을 해 보았기 때문에 조금 가벼운 마음으로 결정했다. 그래도 때 아닌 요리에 청승맞다는 생각이 들어 시계를 보니 4시다. 신 김치는 잘게, 부추는 조금 크게, 청양고추는 더 잘게 썰었다. 부침가루를 찬물에 넣고 잘 저은 다음 달걀을 3개 풀었다. 시큼하고 매콤하며, 달짝지근, 짭짤한 김치부침개를 위해 소금과 설탕을 조금 추가했다.

재료와 반죽을 함께 넣고 맛이 잘 배도록 손으로 한참 섞었다.

이제 본격적으로 김치부침개를 부쳐야 한다. 창문을 조금 열어놓고 환풍기를 켰다. 널찍한 프라이팬을 달군 다음 오일을 넉넉하게 둘렀다. 재료를 넣고 뒤집개로 얇게 펴고 꾹꾹 눌러준다. 부침개 요리의 백미는 뒤집기다. 뒤집개로 뒤집다 보면 부침개가 찢어지기 쉽다. 달인을 흉내 낸 내 솜씨는 손 안 대고 프라이팬을 위로 올렸다 내리며 뒤집는 고급 기술이다. 이때 부침개가 너무 크거나 기름이 많으면 사고가 발생한다. 지난번에는 가스레인지 앞에서 뒤집었는데, 기름이 바닥에 많이 떨어져, 이번에는 싱크대 앞에서 했다.

"아이고, 큰일 났다." 뜨거운 프라이팬에 물방울이 떨어져 기름이 팔뚝으로 튀었다. 찬물로 얼른 씻었지만 빨갛게 부어올랐다. 다행히 다른 사고 없이 김치부침개 10장을 부쳤다. 뒤처리를 잘해야 잔소리를 듣지 않는다. 가스레인지 주변이나 싱크대 기름을 잘 닦고 그릇은 마른행주로 물기를 없앴다. 이제 모임 가는 길에 아들네 아파트 문 앞에 놓아주고 전화를 하면 된다. 시간이 없기도 하지만 특별한 날이 아니면 절대 집 안으로 들어가지 않기로 아내와 약속했다.

며느리가 손녀를 낳고 나서 힘들지도 않은지 둘째를 낳겠다고 했다. 아들이 아들을 원해서 소원을 들어주겠단다. 자기 마음대로 할 수 있는 일도 아니지만 그 마음이 사랑스러웠다.

새벽부터 김치부침개를 부친다고 설쳤더니 좀 피곤하다. 소파에 앉아 밖을 보니 빗줄기가 제법 굵다. 발갛게 부어오른 팔뚝을 만져본다. 오늘 나의 노고가 사랑과 믿음으로 승화되어 귀여운손자에게 전해지면 참 좋겠다.

지난 세월

백수인 나도 공휴일은 휴무다. 아침마다 다니는 수영도 쉬고 외손자 돌봄도 자식들의 몫이다. 오늘은 봄비가 촉촉이 내린다. 평안함과 한가함에 잊었던 낭만이 되살아났다. 아내와 함께 우산을 쓰고 인천대공원으로 산책을 나갔다.

우리는 나이가 들자 종일 함께 있어도 할 말이 별로 없다. 퇴직하고 나니 늘 붙어 있어서 하는 일과 생각이 비슷해져 말을 안 해도 적당히 통한다. 그래도 산책이나 산행을 할 때는 지나온 삶의 매듭들이 술술 풀려나온다. 잊혔던 이름들이 불려나오고 못다 한 이야기가 가슴 싸하게 그날의 느낌으로 살아온다.

인천대공원의 관모산은 162m의 낮은 산이라서 특별한 준비가 없어도 가볍게 오를 수 있다. 정문 주차장에 차를 세우고 아직은 덜 자란 메타세쿼이아 길에 우산을 쓰고 들어섰다. 일찍부터 비가 내렸기에 사람이 없을 줄로 생각했는데 연인, 노부부, 어린 자식을 거느린 가족들이 꽤 있다. 처음 만난 사람인데도 마음이 열려서 반갑게 인사를 주고받았다. 낭만을 아는 사람이라는 생각이 들었다.

데크로 된 길을 따라 걷고 습지를 지나 무장애 길을 오르니 서두르지 않았는데도 다리가 퍽퍽하다. 50년 가까이 지났지만 마음에 남은 빛진 이야기가 불쑥 튀어나왔다.

고향에서 중학교를 졸업한 여동생이 농사일이 힘들었는지 광주로 취직한다고 올라왔다. 당시 우리나라 수출은 섬유산업이 핵심이었다. 특별한 기술이 필요 없는 까닭에 여동생은 어렵지 않게 방직공장에 들어갔다.

닭장처럼 다닥다닥 붙어 있는 작은 방에서 동생은 친구와 같이 살면서 돈을 아끼려고 점심도 굶고 일했단다. 야근까지 일해서 받은 월급이 겨우 내 하숙비를 조금 넘었다고 나중에 들었다. 그때 우리 어른들 생각이 아들과 딸을 구별하였기에 나는 당연하게 여기고 편히 학교에 다녔다. 내가 오늘 여기에 있는 것은 나의노력과 현명한 선택 때문이라고 말하지만 누군가의 희생이 없었다면 그런 기회조차 없었을 것 같다. 결국 또 뻔한 결말을 되풀이했다.

"우리 자식들은 복 받고 산다."

정상은 가파른 계단이 있어 몇 번을 쉬며 숨을 골랐다. 한 손에 우산을 들고 여기까지 따라와 준 아내가 고마워 손을 잡아주었다. 거칠어진 감촉에 잊고 산 아내의 늙음이 미안해진다.

정상은 이미 선점한 사람들이 있어 앉지도 못하고 하산해야 했다. 인생도 그렇지만 산도 올라온 길과는 다른 길로 내려가고 싶은 욕심이 있다. 가파른 철재계단이 위험하지 않을까 속으로 조금 걱정되기는 했지만 북쪽 계단길을 택했다. 아내의 잔소리가 갑자기 많아졌다.

"난간을 꼭 잡아라, 계단을 잘 보고 발을 옮겨라."

그러고 보니 우리 집에 중요한 순간이나 어려운 일이 생기면 아내의 잔소리가 길었다. 지겹고 귀찮을 때도 있었지만 그 잔소리가 나에게 안전을 위한 내비게이션 역할을 했던 것 같다.

내려오는 길은 정말 빠르다. 평생 힘겹게 올라간 삶의 높이가 퇴직하고 바라보니 너무 허무했던 기억과 꼭 같다. 안도가 되면서도 서운하다.

무대가 있는 잔디광장과 다양한 식물이 자라는 정원에는 모두가 탐내는 흔들의자와 원두막이 많다. 하지만 비 오는 날인데도 빈 곳이 없다. 한참을 둘러봐도 다들 일어설 기미를 보이지 않는다. 다음에 올 때는 일찍 와서 원두막 하나 잡아서 해 질 때까지 있자고 지킬 것 같지 않은 약속을 단단히 했다. 상당히 아쉬운 마음이 든다.

호수에 떨어지는 빗방울을 둘이 말없이 바라보았다. 문득 연애시절 저수지에 낚시 갔던 생각이 떠올라 아내 얼굴을 쳐다보니 빙긋이 웃는다. 아마도 같은 생각이 들었던 것 같다. 벌써 40년이 지났다. 세월 참 빠르다.

봄이 오면 고향 해남의 동네 앞산과 뒷산에 밤새 두견새가 운다. 솥이 적어 배고파 죽었다는 며느리의 한이 새가 되었단다. 춘궁기에는 늘 먹을 것이 부족한 시절이었다. 식구는 많고 솥은 적어서 며느리의 밥은 거의 없었다. 일은 힘들고 밥을 먹지 못하니 배곯아 죽고 말았다. 그래서 "소쩍, 소쩍!" 밤새워 운단다. 한이 맺혀 울컥울컥 피를 토하며 두견새가 울다간 자리엔 눈이 시리게 빨간 두견화가 온 산에 피었다.

세월이 지나도 참을 수 없는 그리움에 짧은 봄밤을 뒤척이는 사람이 많다. 만나볼 수는 없지만 먼 곳에라도 있는 사람은 전화로 목소리를 들을 수는 있다. 설령 목소리를 들을 수 없다 해도 언젠가 만날 수 있다는 희망이 있다. 하지만 가슴에 묻은 사람은 꺼낼수록 상처가 덧나고 말 못 할 아픔으로 가슴속에 핏빛 두견화가 피어난다.

친구 아내 G의 이야기를 들어보면 참고 살아온 날들이 남의 일 같지 않다. 친구는 어려운 형편에 휴학을 세 번이나 하며 대학을 졸업했지만 학연, 지연이 한창일 때라 서류면접의 벽을 넘지 못했다. 창업의 열풍에 힘입어 나라의 지원을 받아 시작한 식당은 광우병으로 쓰러졌다. 전공을 살려 다시 시작한 디자인 사업이 다행히 성공하여 G와 결혼하고 1남 2녀를 두었다. 두 딸이 음악에 재능이 뛰어나 딸 바보로 입이 늘 찢어졌다.

불의의 교통사고로 남편을 잃은 G가 남편 사업을 이어가고 있다는 소식을 10년 전에 들었다. 힘든 세상이라 혼자 사는 G를 걱정했는데 들려오는 소문이 참담하다. 큰딸은 I대 음대를 휴학했고, 국제콩쿠르

대회에서 입상한 열일곱 살 막내딸은 입양이라도 보내고 싶다는 말을 했단다.

머리로는 이해가 되나 가슴이 허락하지 않는 감정, 참을 수 없는 마음이 자꾸 힘들게 한다.

길지 않은 봄밤인데도 꿈이 많고 아침에 일찍 눈을 뜬다. 지난밤에 우리 아파트에 두견새가 왔다 갔는지 가까운 곳에 진달래꽃이 많이 피었다. 혹시나 사연 많은 G의 꽃인양 싶다.

내 아내는 왕비다

내 아내는 왕비다.

내가 왕이 아닌데도 왕비가 된 까닭은, 내 핸드폰에 자기 전화번호를 왕비라 입력해 놓았기 때문이다. 그냥 왕비가 아니라 나이가 들수록 진짜 왕비님이 되어간다.

그런데 왕비 노릇을 제대로 하지 못할 때가 있다. 일주일에 한 번씩 코스트코에서 장을 본 날은 짐이 많다. 무겁고 많은 짐을 트렁크에서 내리려면 힘이 든다. 그래도 그렇지, 아내가 왕비님인데, 어떻게 짐을 들고 내리라 하겠는가! 그냥 엘리베이터 버튼만 누르고 있으면 좋으련만 도와준다고 이것저것 나르고 나서 손가락이 아프다고 야단이다. 내가 그 정도는 혼자 할 만한 힘도 있는데, 낑낑거리며 앞길을 막아설 때면 마음만 불편해진다.

남녀가 평등하다지만 타고난 신체적 차이는 있다. 두 사람이 한 가정을 이루어 살기 위해서는 할 일이 많다. 자식 돌보기, 집안일, 돈 벌기 등. 함께 할 일도 있지만 역할을 분담하면, 굳이 누구네 남편까지 들먹이지 않아도 비교적 평온한 가정생활을 영위할 수 있다.

왕비도 자질과 인격을 갖추어야 한다. 첫째 인내심이 있어야 한다. 다 큰 자식이나 아직은 멀쩡한 남편이 있으면 조급한 마음을 참고 기다리고 지켜보아야 한다. 둘째 잔소리를 하지 않아야 한다. 앉아서 편하게 대우받는 일이 자기 양에 차지 않는 것은 당연하지 않겠는가.

왕비도 다 같은 왕비가 아니다. 왕비가 주로 하는 설거지, 분리수거, 세탁기 돌리기, 빨래 개기, 청소하기, 무거운 물건 나르기 등이 많다. 남편이 한 가지만 해주면 빈이고, 두 가지 해주면 작은 나라 왕비. 세 가지 해주면 큰 나라 왕비, 다섯 가지 이상 해주면 여왕이란다. 그러나 여왕이 되면 골치 아프다. 가뭄이나 흉년이 들어도 원망을 듣고, 자식 교육의 결과도 책임을 져야한다.

왕비도 늙어 건망증이 늘어난다. 어제저녁에는 모과차를 마시려고 주전자를 가스레인지에 올려놓고 TV를 보다 홀라당 태워버렸다. 그뿐이 아니다. 얼마 전에는 수영장에 갔다가 그냥 돌아왔다. 수영복을 안 가지고 갔단다.

아직도 아내 말에 토를 다는 사람이 있는지 모르겠다. 결혼 초에는 하늘의 별도 따주겠다는 약속이 있어서 한계를 정하지 않고 그저 최선을 다했다. 자식을 둘이나 낳고 나니, 선녀의 날개옷을 더 이상 감춰놓을 필요가 없었다.

아내가 자기 목숨처럼 사랑하는 자식은 정말 무서운 족쇄다. 배고

픈 내 입에 들어가는 음식보다 자식이 먹는 모습이 더 즐거웠다. 철없는 자식이 탐내는 고가의 장난감을 사기 위해 일숙직을 자청하지 않았던가.

아내의 말은 항상 옳다. 그래도 아직까지 이해되지 않는 일이 있다. 지금은 여러 가지 물건을 얹어 놓아 용도가 불확실한 피아노는 왜 꼭 구입해야 했을까. 애들이 특별한 소질도 보이지 않았는데 미술학원은 그렇게 열심히 보내야 했는지도 궁금하다. 하지만 나는 아내의 말에 토를 달지 않는다. 아내의 말을 잘 들으면 자다가도 떡을 먹는다는 말을 믿기 때문이다. 불가능하다 생각한 근무지를 인천으로 옮긴 것이나 신혼 초에 월세 방에서 시작했는데 지금은 어엿한 서울 아파트에 살고 있는 것도 아내 덕분이다.

퇴임하고서도 식지 않는 열정으로 재테크에 동분서주하는 아내가 걱정이다. 그동안의 공로는 인정하지만 이제는 조용히 살고 싶은데 왕비의 권한이 너무 커져 버렸다. 요즈음은 옳으신 분부 받들어 날마다 아침엔 큐티, 성경읽기, 기도하기, 수영하기 외에 몸에 좋다는 토마토를 억지로 먹느라고 더욱 바쁘다. 누군가는 졸혼을 이야기하는데 나는 갚아야 할 빚이 너무 많아서 밥하고 설거지하고 빨래 개느라고 그런 호사는 꿈도 못 꾼다.

왕비님을 모시고 한강 고수부지로 자전거를 타러 갔다. 아내는 수영이나 운전은 그런대로 하지만 자전거는 혼자 타지 못한다. 그래서 2인용 자전거를 탄다. 아내는 운동 신경이 좋은 편이 아니다. 이론은 국가대표 수준이어서 시범보다 지도 조언이 많은 편이다.

자전거를 타려면 가장 중요한 것이 좌우 균형이다. 균형은 주로 손으로 잡은 핸들을 이용하는데 여기에 묘미가 있다. 넘어지려는 방향으로 핸들을 돌려야 하는데 서툰 사람은 반대쪽으로 핸들을 돌린다. 자전거 바퀴는 두 개 있지만 실제로 힘을 내는 바퀴는 뒷바퀴다. 앞바퀴는 균형을 잡거나 방향을 결정하는 역할을 담당한다.

2인용 자전거는 앞에 앉은 사람의 역할이 중요하다. 혼자 탈 때보다 균형 잡기가 어렵기 때문이다. 뒷사람의 움직임이 내 뜻과 다를 때도 있고 무게가 배로 늘어난 탓에 다리에 부담이 많이 간다. 아내는 2인용 자전거를 탈 때 뒷자리에 앉아서 신나게 페달을 돌린다.

"자전거 잘 타는데 엄살 부리는 것 아냐?"

"걱정은 핸들 잡은 사람 몫이에요."

가정도 2인용 자전거와 비슷한 것 같다. 한 사람이 뒤에서 궂은일을 하며 앞에 나선 사람에게 힘을 실어주면 가정이 평안하다. 앞에 선 사람은 마주 불어오는 바람을 막아주며 달려갈 방향을 잘 정해야 한다. 힘이 들거나 혼자 감당하기 어려울 때는 자리를 바꾸기도 한다. 덜 자란 자식에게 핸들을 맡겨서는 안 된다. 가정의 기둥은 부부이다. 가족의 사랑, 건강, 경제적 여건은 자전거 핸들 같은 나의 책임이 중요하다. 현실은 많이 다르지만, 아내를 왕비로 자식들을 왕자와 공주로 여기며 그렇게 살다보면 나는 저절로 왕이 되지 않겠는가?.

해독주스

해독주스는 야채와 과일을 간 것인데, 건강에 좋다고 집에서 만들어 마시는 사람이 많다. 나도 집에서 해독주스를 만들어 먹은 지가 벌써 5년이 넘었다. 집에서 만든 요플레 한 컵에 잘 익은 키위 1개, 바나나 1개, 1년 숙성된 매실 1/4컵을 넣고 믹서기로 갈아서 아침에 눈 뜨자마자 1컵씩 마신다. 더 첨가하고 싶을 때는 딸기, 오이 절반, 양배추 약간을 넣으면 맛이 상큼해진다. 한때는 사과나 토마토, 냉동 망고를 넣어 보았는데 영양가는 어떤지 몰라도 조금 텁텁하여 마시기 불편했다.

해독주스의 효능은 체내의 노폐물이나 독소 배출, 피부미용, 다이어트, 피로 해소 등 다양하다. 사람에 따라 체질이나 목적에 맞게 선택하여 먹으면 된다. 생각해 보면 이것도 참 웃기는 일이다. 다이어트를 하든지 노폐물 독소를 배출하기 위해 무엇을 먹어서 뺀다는 것은 결국 더 많이 먹는다는 말이다. 해독주스를 먹으면 효과가 있다는 말은 많이 들었지만, 확실히 증명하기는 어렵다. 개도 감기에 걸린다는 요즈음 같은 혹한에 별일 없이 잘 넘어가는 것이 해독주스 덕분일지도 모른다는 선부른 진단을 하고 있다.

그렇다고 아무 때나 해독주스를 마시지는 못한다. 아내가 싱싱한 재료를 잘 준비해 놓으면 내가 아침 일찍 일어나 기도하는 마음으로 정성을 다해 해독주스를 만든다. 무엇이든 마지막이 중요하다. 식전에 감사하는 마음으로 먹어야 하므로 아내의 기분이 중요하다. 결혼한 지 40년이 넘었지만 아내의 기분을 파악하기가 그리 쉽지 않다. 결혼 초에는 무엇이든지 다 좋다고 잘 웃더니 아이들을 낳고 나서는 요구 조건이 많아지고, 친구 남편과 비교하는 버릇이 생겼다. 만족하지는 않지만 힘겹게 애들이 대학을 들어가서 한숨을 돌리나 했더니 갱년기라며 하루에도 몇 번씩 감정이 오르락내리락했다. 몇 번의 병원 신세를 지기는 했지만 큰 탈 없이 퇴직까지 하고 나니 긴장이 풀어져 아프지 않은 곳이 없을 정도로 앓는 소리를 자주 한다.

요즘 아내는 직장일, 육아, 가사노동으로 무리를 반복한 탓에 허리가 아프다며 자주 등을 두드리고 파스를 붙이는 날이 많다. 도수가 높은 안경을 써야 좋아하는 TV 드라마를 볼 수 있다. 점차 뻑뻑하고 퇴행하는 관절은 수시로 파스를 붙여 줘야 하니 성가시고 걱정도 된다. 나로서는 겨우 아내의 허리를 안마해 주거나 가사를 돕는 정도밖에 없다. 고심 끝에 시작한 아침 해독주스가 뜻밖의 효과를 발휘했다. 변비도 없어지고 왕비처럼 침대에 앉아 해독주스를 마시면 기분이 매우 좋단다. 설령 그 속에 검증된 영양분이 부족할지라도 정성껏 사랑을 듬뿍 담아 주스를 만들고 있다. 기쁘고 감사한 마음으로 마시면 해독은 물론 피로를 물리치는 역할은 충분하다고 생각한다.

인생도 마찬가지인 것 같다.

우리는 더 많이, 남보다 더 빨리 배우고 채우고자 잠을 줄여 가며 노력한다. 한 번 길들여진 나쁜 습관이 고치기 어렵듯이, 나도 모르게 늘어진 뱃살은 손바닥으로 때리고 졸라매도 사라지지 않고 있다. 효과적인 방법은 수술이나 굶는 방법이 가장 좋단다. 하지만 내가 아닌 다른 사람의 손을 빌리고 나면 '요요현상'이라는 부작용 때문에 많은 사람이 후회하고 있다.

우리의 삶도 해독이 필요하다. 아침 단상이라도 읽으며 공감하고, 친구 S의 색소폰 연주를 들으면 하루는 몰라도 한나절은 몸이 가벼워진다.

그래도 풀리지 않는 독소가 있다면, 자기가 믿는 신에게 간절히 기도할 일이다. 즐거운 명절 전날이다. 무엇을 많이 준비한다고 가족이 행복해지는 것은 아니다. 오랜만에 만난 가족을 보는 것만으로도 감사하는 마음이 든다. 여자들을 고생시켜 준비한 음식에 얼굴도 모르고 만난 적도 없는 조상님이 감동하지 않는다. 그것은 아마도 지난시절의 일방적인 가부장제 '대리 효도' 문화 흔적이라 생각한다. 더구나 요즘은 가정의 권력인 경제권이나 발언의 힘이 대부분의 남자를 떠난 지 오래다. 감사와 사랑이 빠진 형식으로 가족의 독소를 키울 필요는 없다.

가정에서 힘들고 난감한 일을 저지르는 세 가지가 있다고 한다.

첫째 아내와 말다툼이란다. 처음에는 이성적이며 합리적으로 시작하다가 자기 뜻이 이루어지지 않으면 "남자가 조잔하게, 사랑한다면서 그것도 못해줘?"라고 하면 남편은 무조건 미안하다고 사과해야 한단다.

두 번째는 늙은 아버지의 고집이란다. 맞든지 틀리든지 세상을 먼저 살아본 경험을 말하고 그래도 안 되면 삼강오륜을 꺼내면 끝이다.

세 번째는 손자의 투정이란다. 보이는 것, 하고 싶은 것이면 무엇이든지 끝없이 졸라댈 때, 책임지지 못할 것까지 약속하고 만다.

몸의 독소나 가정의 난감한 일도 적절한 해독주스가 필요하다. 내가 수고하고 사랑이라는 재료를 잘 첨가하면 해독주스의 효능이 커짐을 실감하고 있다.

만남의 추억

50년도 더 지난 초등학교 때의 일이다. 어머니가 지병으로 장기간 입원한 까닭에 누나와 아버지의 보살핌을 받고 살았다. 철없는 아이였지만 말하지 않는 아픔이 있었던지 내성적이고 소극적이었던 것 같다. 이런 자식이 안타까운 아버지가 1학년 입학할 때 장문의 편지를 담임 선생님한테 보낸 덕분에 과분하게 반장이 되었다. 더구나 첫 미술시간에 그린 튤립 그림이 대단한 칭찬을 받았고 오랫동안 교실 뒤 게시판에 걸려 있었다.

튤립은 시골에서 보기 드문 꽃이었다. 튤립을 볼 때마다 지금은 안 계신 아버지가 생각나고 오늘의 나를 있게 한 1학년 담임 선생님의 칭찬이 지금도 들려온다. 살면서 넘어질 때마다, 누군가 나를 믿어주는 사람이 있다는 기억이 늘 내게 힘이 되어 주었다.

경제가 어렵고 변덕 많은 봄 날씨임에도 벚꽃이 피었다는 소식이 연일 넘쳐나고 있다. 이름난 곳이 아니어도 눈이 어지럽도록 만개한 벚꽃이 아파트 앞, 큰길가에 지천이다. 봄은 하늘에만 있지 않고 땅에도 있다. 언제 심었는지 모르지만 튤립이 색깔까지 노랑, 빨강, 분홍 등, 다양하게 줄을 맞춰 심어져 있다.

튤립은 꽃 모양이 머리에 쓰는 터번과 비슷하여 튤립이라는 이름을 갖게 되었다. 왕관 같은 꽃, 검과 같은 잎, 황금색의 뿌리, 꽃의 여신이 억울한 소녀의 넋을 위로하여 만든 꽃이라고 전해진다.

지난주 금요일 수영을 빠졌다가 4일 만에 수영장에 갔다. 아내를 먼저 내려주고 주차를 하려는데 수영장 앞 도로 중앙분리대 화단 100여 미터에 튤립이 활짝 피어 있었다. 예기치 않는 튤립을 보자 나도 모르게 튤립의 추억에 빠져들었다. 20여 분이 지나도 들어오지 않는 내가 걱정이 되었는지 아내가 전화를 여러 번 했으나 벨 소리를 듣지 못했다.

수영강습이 끝나고 지각한 사연을 따져 묻는 같은 반 회원 성화로 커피숍에 갔다. 내 이야기 끝에 망설이다 털어놓은 K의 튤립 추억은 한 편의 드라마였다.

K는 꿈 많은 여고시절 에버랜드에서 그 사람을 만났단다. 어마어마하고 화려하게 많이 피어 있는 튤립에 정신 줄을 놓고 있는데, 어떤 학생이 튤립 한 송이를 꺾더란다. 어처구니없고 화가 났는데, 그 꽃을 자기에게 가져다주며 튤립을 너무 좋아하는 것 같아서 욕을 먹더라도 꺾었다고 그는 말했다. 그렇게 시작한 인연은 대학생일 때 그의 가족이 미국으로 이민을 가면서 끝났다. 아직도 K의 튤립은 언제나 그가

꺾어다 준 빨간색이며, 그 꽃은 에버랜드에만 피어 있단다.

내 인생의 중요한 순간마다 특별한 만남이 있었다. 첫 발령을 받은 곳은 눈을 들면 득량만 건너 소록도가 보이고, 돌아서면 천관산이 가슴에 가득 차오는 곳이었다. 꺾이고 상처 입어 외로운 상황에서 그녀를 만났다. 덕분에 자주 넘어지고 흔들리기는 했지만 평생 의지처가 된 예수를 영접했다. 주님을 만남으로 삶의 방향이 바뀌었고 넘치도록 감사한 사랑을 받았다.

또 하나의 만남에 감사한다. 친구들은 저만치 교감 승진의 길을 가고 있는데 나는 현재에 만족하며 살았다. 고맙게도 아내와 함께 근무했던 K교감 선생님이 남편을 벽지로 보내라는 권유를 여러 번 하셨단다. 어쩔 수 없이 아내의 강권으로 강화도에 들어갔는데 거기서 교장이 되신 K를 만났다. 그 만남이 힘이 되어 남들은 10년 걸린다는 벽지 생활 4년 만에 교감으로 승진했다. 감사한 마음을 깊이 간직하고 살고 있다.

정년퇴직하여 이제는 특별한 만남이 없을 것 같았는데, 또 하나의 만남이 기다리고 있었다. 서투른 글로 지인들의 아침을 깨우던 어느 날, 처형이 내 글을 보고 본격적인 글쓰기를 권유했다. 아직도 갈 길은 멀지만 수필가로 등단까지 하고 보니, 소속도 생기고, 요즘은 글 쓰는 재미에 빠져 있다.

나에게만 특별한 만남이 있는 것이 아닌 모양이다. 배우 송강호가 무명시절 봉준호 조감독과 첫 만남의 이야기다. 그날도 영화배우 오디션을 보았는데 또 떨어졌다. 낙담하여 돌아온 길에 생각지도 못한 문자를 봉 감독에게 받았단다.

"오늘 연기가 매우 좋았는데, 이번 배역과 맞지 않았습니다. 다음에 꼭 한 번 영화를 함께 하고 싶습니다."

송강호의 그 감격은 유명 배우가 된 뒤에 봉 감독이 요청한 배역을 흔쾌히 허락하여 대박이 난 〈살인의 추억〉을 만들었다. 더구나 그 특별한 만남은 칸영화제에서 〈기생충〉으로 우리나라 100년 만의 경사라는 종려상을 수상했다. 만남이 만들어낸 대단한 결과이다.

살다보면 누구나 수없이 많은 만남이 있다.

때로는 구렁텅이로 이끌기도 하고 빛의 길로 인도하기도 한다. 어떠한 만남도 결과를 결정하는 것은 자기에게 있는 것 같다. 나의 욕심이 구렁텅이가 되고 선한 소망이 빛이 되기도 한다. 누구를 만나느냐에 따라 운명이 달라진다는 말을 새삼 실감하고 있다. 그 만남으로 오늘 내가 여기에 있다.

세월 갈무리

어제는 자식들이 출가하여 떠난 빈 방을 정리했다. 나도 모르는 아이들의 성장 흔적과 고민들이 곳곳에 남아 있었다. 가끔 찾아와 사용했음에도 먼지가 쌓여 있어 가슴 한 편이 싸해졌다. 내친김에 구석구석을 청소하다 책장 뒤편에서 가족사진을 발견했다. 사진의 빛이 바랬지만 젊은 내 모습과 풋풋한 애들 얼굴이 반가웠다. 언제 적 사진인지 한참 생각해 보니 딸이 대학생이 된 기념으로 찍었던 것 같다. 전에 살던 집 거실 벽에 걸려 있던 가족사진이다.

그러고 보니 내 부모님과 함께 찍은 가족사진이 없다. 일찍 돌아가시기도 했지만 모두 함께 모여 가족사진을 찍을만한 여유가 없었다. 다행히 형님의 결혼식 사진이 가족사진으로 유일하게 남아 있다. 옛날에는 부모님 회갑 때 가족사진을 찍었다. 손자 손녀까지 모두 모이면 화면이 넘쳐날 만큼 가족이 많았다. 이제는 100세 인생이라는 이유로 회갑잔치는 드러내 놓을 만한 행사가 되지 않는다. 자식들이 결혼도 늦고 힘든 육아를 기피해서 가족이라 해야 몇 안 된다.

내 세월도 많이 흘렀다. 가족사진을 볼 때마다 갈무리된 세월이 거기에 남아 있다. 젊은 내 모습에 가슴이 뜨거워지기도 하고 훌쩍 커버린 자식들의 옛 모습이 낯설기도 하다.

세월 따라 가족사진도 변했다. 핸드폰에 사진으로 세월을 갈무리하고 있다. 기술이 발전하여 돌아가신 분이나 새로운 사람이 생생하게 한 곳에 저장되어 있다. 나를 위해 고생했던 부모님의 얼굴은 가물가물하고, 까르르 웃는 손주의 얼굴은 점점 커지고 있다. 나도 언젠가 자식들의 가족사진에서 사라질 때가 있을 것이다. 사랑만 내리사랑이 아니라 가족사진도 세월 따라 흘러갈 것이다. 이제는 가족사진이 종이에서 영상으로, 마음속에 갈무리되고 있다. 그래도 가족사진은 찍어야 한다는 생각이다. 우리는 가족이기 때문에 하나가 되어 오래 간직하고 유지하기 위해서.

우리 집에 있는 가구 중에서 내가 가장 많이 이용하는 것은 소파다. TV를 보거나 누워 있는 시간이 많아 거의 지정석 취급을 받는다. 20년 전에 산 소파인데도 특별히 손을 보아야 할 곳이 없다. 몇 번 이사를 하면서 가죽이 조금 벗겨졌을 뿐이다. 그것은 망가진 것이 아니라 흐르는 세월 따라 닳아지고 노후가 되었을 뿐이다.

'부신'에 물혹이 있다고 하여 15년 넘게 병원에 다녔다. 담당 의사가 "이젠 병원에 그만 오셔도 됩니다."하는 말에 덜컥 겁이 났다. 다행히 나이가 들면 나쁜 세포도 잘 자라지 않는단다. 내가 늙은 것이 좀 서럽기는 하지만 병도 흐르는 세월 따라 힘이 약해지는 모양이다. 더구나 그 세월 덕분에 자식이 어른이 되었고 손자도 태어났다. 낡아지고 늙어가는 것을 안타까워했는데, 이제는 아직도 남아 있는 것을 감사하며 즐겨야겠다. 오늘도 아내의 아침 기상이 늦다. 빨리 일어나라고 성화를 부리며 방문을 열었다. 숨소리는 평안하지만 얼굴에는 함께 살아오면서 힘들었던 세월의 흔적이 갈무리되어 있다. 조용히 방문을 닫고 나왔다.

미루어 놓았던 낡은 선풍기를 갈무리했다. 날개 보호 철망을 풀어서 털고, 날개의 먼지를 깨끗이 닦았다. 많이 사용 안 한 선풍기에도 먼지가 가득했다. 가장 오래된 선풍기는 조금 덜덜거리는 소리가 나고 순풍 버튼 기능만 작동한다. 몇 번이나 버리려다 고마운 사연을 지우는 것 같아 지금까지 사용하고 있다.

교감 발령을 기다리며 4학년 담임을 맡았다. 평교사로서 갈무리를 잘하기 위해 열심히 가르쳤다. 개인보다 모둠을, 지시를 줄이고 자율적인 협의로, 지겨운 공부보다 발표와 게임을 많이 했다. 9월 1일에 교감 발령을 받았다. 기다리던 소식이었지만 아이들에게 미안했다. 작별 인사를 할 때까지 발령 소식을 말하지 않았는데, 어떻게 알았는지 감사 편지와 선풍기를 선물로 주었다. 많은 세월이 지났지만 여름이면 아직도 그 선풍기를 켠다. 선풍기로 갈무리된 추억을 생각할 때마다 아이들의 마음이 느껴져 고맙고 미안하다. 청소가 끝난 선풍기를 큰 비닐봉지에 담아 창고로 옮겼다. 세월이 흘러도 추억이 담긴 이 선풍기가 제 기능을 발휘했으면 좋겠다.

아픈 기억도 아름답고 소중한 추억으로 만들기 위해 흘러가는 세월을 사진, 선풍기, 소파로 갈무리했다. 흘러가는 세월의 흔적에 내 삶의 더께도 두꺼워지고 있다.

자식 기다리기

모처럼 기분 전환 삼아 불광천으로 산책을 나섰다. 멀쩡하던 하늘이 갑자기 어두워지더니 소나기가 쏟아졌다. 집까지는 10분 거리이지만 우산 없이 가려니 참 난감하다. 다리 밑에서 비가 그치기를 기다리다 딸에게 전화했다.

"잔디야, 갑자기 비가 와서 집에 갈 수가 없네."

"아이고, 그러게 우산 가지고 가라고 했는데, 어디예요?"

"증산교 다리 밑에 있어."

"알았어요. 기다리세요. 우산 가지고 금방 갈게요."

다리 밑에 함께 있던 초등학생은 어머니가 데리고 갔다. 고등학생 두 명은 용감하게 빗속을 달려가고, 나이 들어 보이는 부부와 우리 부부만 남았다. 이제나저제나 기다리는 동안 자식을 기다렸던 옛날 일이 떠올랐다.

아들이 대학수능시험 보는 날 비가 내렸다. 고사장 교문이 보이는 골목에서 시험이 끝나 쏟아져 나오는 수험생 속에서 아들을 눈 빠지게 기다렸다. 나오는 사람이 드문드문해져 속이 타들어갈 때 아들 모습이 보였다. 아무 말도 못 하고 우산을 건네주었다.

"많이 기다렸어요?"

"아니, 어서 집에 가자. 고생했다."

차마 시험 잘 보았는지 물어보지 못하고, 아들의 기색만 살폈다. 이것이 자식을 기다리는 마지막이 되기를 소망했다. 아들은 다행히 그해 대학에 들어가고, 군대에 다녀와 학교를 졸업했다.

또다시 자식을 기다렸다. 아들, 딸 취업을 기다리는 시간은 정말 힘들었다. 언제라고 정해진 날이 있다면 몇 년이라도 참고 기다릴 수 있는데 기약 없는 시간이 한도 끝도 없이 길었다. 그렇게 한 고비를 넘었나 했더니 결혼에 이어 손주 소식이 기다려졌다.

아직도 끝나지 않은 것 같다. 이제는 상대가 아들이 아니라 손주가 되었다. 어린이집에 간 외손자가 끝나는 시간인 3시 30분이면 어린이집 출입구 앞에 서 있다. 외손자가 할아버지 모습을 발견하고 두 손 벌리고 달려올 때가 있다. 그런 날은 지난날 자식을 기다렸던 힘든 일이 생각나지 않는다.

지인 L의 자식 기다림이 힘들어 보인다. 온 힘 다해 가르쳤더니 대학을 졸업하고 취업했다. 남들이 부러워하는 직장이었는데 자기 사업을 한다고 회사에 사표를 냈다. 자식이 계획한 사업이 자리 잡기까지

기다렸다. 그러다 보니 자식의 나이가 40살을 훌쩍 넘었다. L의 친구들은 손주가 중학생이라고 한다. 자식이 깨닫지 못하는 부모의 세월은 눈 깜박할 새에 지나간다. 부모는 항상 자식 곁에 있을 것 같지만 자식의 성장만큼 부모는 늙어 간다. L도 벌써 80살이 코앞이다. '나이 든 부모는 자식을 기다리지 못한다'는 말이 가슴에 들어와 박힌다.

내가 자식이었을 때 느끼지 못했던, 부모의 세월은 너무 빠르다. 언제까지 자식을 기다릴 수 있을까! 이 기다림이 끝나야 나의 삶도 해방이 될 것이라고 생각한다.

아들이 토요일인 어제 집에 오지 않았다. 혹시 오늘 올는지도 모르겠다. 나는 여전히 자식의 발자국 소리를 기다린다.

삶의 지평선

땅의 끝과 하늘이 만나는 곳이 지평선이다. 그렇다면 삶의 지평선은 삶과 죽음이 만나는 곳일까. 요즈음 삶의 지평선이 조금씩 보이는 듯하다. 하지만 가까이 가면 갈수록 삶의 지평선이 멀어지고 희미해진다.

인생을 마라톤에 비유하기도 한다. 오랜 시간 장거리를 달려야 하기에 변수도 많고 결과를 예측하기 어렵다. 우승자의 대부분은 처음부터 속도를 내지 않는다. 시작이 조금 빠르거나 좋은 조건이 결승선의 순위를 결정하지 않는다고들 한다. 전반전의 선두 다툼에 힘을 많이 소모한 선수는 완주를 못하거나 메달 순위에 들지 못하는 경우가 많다. 얼마 동안 앞서 달렸느냐가 아니라 결승선을 어떻게 통과했느냐가 중요하다.

K는 줄곧 뒤처져서 달리다가 단 한번 선두가 되었는데 그대로 결승

선을 통과해서 우승을 차지했다. P는 40㎞까지 줄곧 1위로 달렸지만 체력이 떨어져서 결승선 앞에서 순위권을 벗어나 결국 메달을 따지 못했다.

삶의 지평선을 의식하는 나이가 되었다. 어떻게 살아왔든지 돌이킬 수 없는 것이 인생이다. 다행히 지나온 길이 아슬아슬한 고비는 있었지만 손가락질받을 만큼 비루하게 살지 않은 것 같아 얼마나 다행스러운지 모른다. 앞으로 남은 삶의 발걸음이 내 인생의 메달 색깔을 좌우할 것이라고 생각한다.

흔들리지 않고 피는 꽃은 없다지만 뿌리까지 흔들리면 결승선을 통과하지 못한다. 체력만이 아니다. 돈도 친구도 가족도 명예도 필요하다. 무엇보다 중요한 것은 마음의 중심인 믿음이라 여기고 있다.

아내는 날이 갈수록 내 걱정을 많이 한다. 어떤 경우에도 인생의 결승선을 중도에 포기해서는 안 된다고.

"운동 좀 하세요. 다리 꼬고 앉아서 컴퓨터만 하지 마세요. 핸드폰을 너무 오래 보고 있어요."

아내의 잔소리가 약이 된다는 생각을 하면서도 듣고 있기가 힘들다.

아침 일찍 베란다 창문을 열자 잊고 살았던 향기가 밀려왔다. 꽃도 보지 못했는데 아카시아 내음이 반갑다. 이때쯤 아카시아꽃이 흐드러지게 피었을 텐데, 코로나와 외손자 돌보느라 계절이 바뀐 줄도 모르고 살았다.

딸네가 출근하는 6시에 가서 7시쯤 잠을 깨는 외손자를 데려온다.

외손자가 잠에서 깨어 웃고 달려와 나에게 안기면 그날은 행복한 날이다. 맞벌이 자식은 타고나는지도 모른다. 외손자가 아빠, 엄마를 찾기는 하지만 회사에 갔다는 할아버지의 말에 순순히 상황을 받아들인다. 때로는 손을 흔들어 빠이 빠이를 하고 고개를 숙여 인사한다.

요즘 나의 길이 조금 한가해졌다. 9시 30분에 외손자를 어린이 집에 맡기고 3시 30분에 데리고 온다. 겨우 17개월 된 아기를 떼어놓기가 처음에는 참 안쓰러웠다. 처음에는 힘들었다. 한 시간 두 시간, 한 발 한발 연습하고 노력하면 익숙해지는 것이 나의 길이었다.

외손자를 어린이 집에 데려다주고 돌아오는 길에 백련산을 올라갔다. 백련산은 내가 사는 아파트 뒤편에 있는 215미터의 작은 산이다. 처음에는 어느 길로 가야 할지 몰라 한참 헤매었다. 보기와 달리 오르는 길이 상당히 가팔라서 숨이 많이 찼다. 어쩌면 여러 핑계를 만들어 그동안 운동을 하지 않은 탓인지 모르겠다.

은은한 아카시아 꽃향기, 나뭇잎 사이로 불어오는 싱그러운 바람, 명주 실타래를 풀어놓은 듯 햇살이 황홀경이다. 멀리서 바라보기만 하는 산과 직접 올라가 보는 산의 맛이 많이 다르다. 세상 참 좋아졌다. 조금 평평한 곳이 나오면 어김없이 운동기구가 자리하고 있다. 윗몸일으키기, 역기 들어올리기, 허리 돌리기, 팔 휘돌리기, 제자리 걷기….

이른 시간인데도 정상에는 사람이 많다. 오르는 길이 여러 곳이지만 결국 정상에서 만난다. 대부분 나이 든 사람들이다. 얼굴과 달리 발걸음에 힘이 있어 보인다. 처음 온 사람이 아닌 모양이다. 내려오는 길을 잘못 찾아 돌아온 덕분에 1만 2천 보나 걸었다. 하루 걷기 건강

목표를 거뜬히 달성했다. 다리가 퍽퍽하다.

나의 인생길도 많이 바뀌었다. 계획하고 가는 길도 있었지만, 먼 길을 가다 보니 내가 가는 길이 나의 길이 되었다.

예습도 복습도 없는 한 번의 길이 인생길이라고 한다. 가고 싶은 길도 있고, 가기 싫은 길도 있었지만, 가서는 안 되는 길도 있다. 되돌아보니 내 뜻대로 안 되는 게 인생길이었다. 사람답게 살다가, 사람답게 늙고, 사람답게 죽는다면 그 이상 무엇을 바라겠는가.

누구나 가는 길이 다 같은 길은 아니다. 내가 걸어왔던 길에 아쉬움이 있다. 이 길이 언제 끝날지도 모른다. 단지 내가 가야 할 길임을 알고 있기에 날마다 기도하며 이 길을 간다.

마라톤은 결승선이 정해져 있지만 삶의 지평선은 사람마다 끝이 다르다. 벚꽃 피는 봄날, 폭염에 목마른 여름, 빨간 열매 익은 가을이 지나갔다. 눈사람이 녹은 자리에 코스모스가 피어났고, 계절은 더디어도 순서를 바꾸지 않았다.

코로나19가 힘들다고 인생 마라톤을 포기할 수는 없다. 시작이 있었으니 끝도 있을 것이다. 내 삶의 지평선은 아직도 멀다. 1위는 아니어도 완주를 하고 싶은 욕심이 스멀스멀 올라온다.

오늘 이렇게 서 있는 것이 내가 살아온 삶의 결과이다.

삶의 모든 순간에 이유가 있었으니, 세월아, 가려무나. 지나온 세월처럼, 아름답게.

제 5 부

아직도 남은 이야기

무게중심 잡기

어떤 물체든 무게중심이 있다. 무게중심을 바로 잡지 않으면 물체는 한쪽으로 기울게 된다. 무게중심을 잘 이용해야 동력이 없는 물체는 원하는 방향으로 이동할 수 있다. 앞으로 가기 위해서는 무게중심을 과거가 아닌 미래에 두어야 앞으로 움직이게 된다.

국가나 사회, 가정도 무게중심이 있다. 조직의 무게중심이 변하면 조직이 동요를 한다. 기존 질서에 익숙한 사람이나 그 조직에서 혜택을 입은 사람은 저항도 한다. '멈추어 있는 물체는 멈추어 있으려 하고, 움직이던 물체는 움직이려 한다.'는 것이 관성의 법칙이다. 그래서 움직이거나 멈추기 위해서는 힘이 더 들 수밖에 없다.

지인 O가 요즘 힘든 것 같다. 잘 나가던 남편이 갑자기 회사에서 퇴직을 했다. 3중고가 겹쳤으니 믿음이 좋은 O의 기도가 길어져 카톡에도 응답이 없다. 끝을 알 수 없는 폭염 같은 난감한 경제 여건, 수능이 코앞인 고3 아들에 대한 안타까움, 무게중심이던 남편을 대신해 자신이 해야 할 일에 대한 부담감이 큰 모양이다.

무게중심이 두 개이면 균형을 잡기 어려워 안정성이 떨어진다. 그러나 오늘날의 가정은 혼자 벌어서는 살아가기 어렵다. 둘이 나가서 일을 하면 자녀 양육이 힘들다. 그래도 언제든지 가정 경제의 무게중심을 대신할 안전장치가 있어 많은 사람이 선호하고 있다.

사람의 마음에도 무게중심이 있다. 쉽고 빠르며 자기의 이익이 되는 쪽으로 늘 무게중심이 움직인다. 무게중심을 잃어버린 사람은 결국은 많은 사람의 손가락질 대상이 된다. 아쉽게도 중요한 것은 지나고 나야 알게 되고 세상의 이치도 나이를 먹으니 더 잘 깨닫게 된다.

요즈음 나는 내가 만든 3대 행동강령에 따라 무게중심을 잡아 살고 있다.

첫째, 1차만 한다. 뒤늦게 깨달은 삶의 지혜를 누군가에게 전해주고 싶어 입이 근질근질하다. 한 번이면 족한 것을 이해를 못하거나 잘못 들은 것 같아서 2차, 3차를 하게 된다. '용돈은 드려도 잔소리는 사양한다'는 자식의 말에 정신이 번쩍 들었다.

둘째, 새치기를 안 한다. 막힌 길에서 빨리 가려고 끼어들지 않는다는 말이 아니다. 끝까지 들어보지 않아도 무슨 말인지 알 수 있어서 말을 자르고 끼어든다. 소통은 말하는 것보다 듣는 것이 중요하다. 잘 알지 못하지만 그들도 하고 싶은 말이 있다. 묻지도 않았는데 가르치려들고 끝까지 듣지도 않고 단정 짓는 사람은 부모일지라도 싫어서 대화가 단절된다.

셋째, 큰 소리로 말하지 않는다. 큰 소리는 내용이 어떻든 나무람이나 강요가 되기 쉽다. 많은 나이나 삶의 경험을 무기로 큰 소리로 말하면 시작하자마자 들어야 할 사람이 마음 문을 닫아 버린다.

비우고 버리며 집착하지 않는다는 것은 무게중심을 바로잡아 균형을 이루는 것이다. 나에게 아직은 많은 시간이 남아 있다. 내 마음의 무게중심을 바로 잡아 평안하고 화평한 오늘을 살고 싶다.

큰아버지네 담장

둘째 큰아버지 집은 백여 호가 사는 마을의 가장 안쪽에 있었다. '안에미'라 불리기도 했는데, 높은 담장으로 둘러 싸여 있었다. '안에미'는 막달은 골목 끝에 있는 까닭에 들고날 때는 상당히 돌아야 했다. 집터는 남향이었는데 동네에서 마당이 가장 넓었다. 큰아버지 집에서 바라보면 앞에는 '등생이'이라는 넓은 들판이, 뒤편에는 흑석산 아래로 밭이 한 눈 가득 들어왔다.

자수성가한 큰아버지는, 자세히는 모르지만, 논 150여 마지기, 밭 100 마지기가 넘게 농사를 지었다. 가을에 수확한 수백 석 곡식은 '안에미' 길이 좁고 길어서 마을 앞 커다란 창고에 보관했다.

지난해 고향에 다녀왔다. 내가 살았던 집도 주인이 바뀌고, 가족 누구 하나 고향에 살지 않은 까닭에 낯선 곳이 되었다. 그래도 부모님 산소가 있기 때문에 아직 고향은 살아있는 것 같다.

오랜만에 가 본 큰 아버지 집은 많이 변해 있었다. 들어가는 길이 짐 실은 경운기가 다닐 수 있게 넓어졌다. 깜짝 놀랄 일은 큰아버지 집 뒷담장이 헐리고 길이 나 있다. 큰아버지가 살아 계실 때는 조그마한 뒷문이 있기는 했다. 그런데 사촌형이 마을 이장을 하면서 집터 일부를 내놓아 길을 만들었다고 한다. 이제는 동네가 남북으로 길이 뚫렸다.

작은 문은 앞쪽과 뒤쪽의 소통이 큰아버지만을 위하는 것이었다. 이렇게 남북으로 연결된 길이 나니 이동 시간이 단축되고 마을 뒤쪽에 살던 사람들의 소외감도 많이 사라졌다고 한다.

집으로 돌아오는 길에 S가 생각나서 손바닥으로 가슴을 서너 번이나 쳤다. S는 같은 동네에 살았던 초등학교 동창이다. 나와는 1등과 2등을 다투었는데 S가 더 잘했다. 중학교에 다닐 때 S 어머니가 돌아가시자 집 안이 어려워져 학교를 그만두었다. 한동안 소식도 없이 지내다 고등학교를 졸업하고 다시 만났다. 초등학교 동창회를 조직한다며 마을마다 동창들을 찾아다녔다. 한참 치기어릴 때라, 뻔한 허세와 허물없음이 동창회장 선출 문제로 다투고 말았다. 회장은 당연히 자기가 해야 한다는 S의 말에 내가 민주적으로 투표를 하자고 우겼다. 우여곡절 끝에 내가 동창회장이 되긴 했지만, S는 못 배운 한이 가슴에 깊은 상처가 되었던 것 같다.

그렇게 헤어진 S는 경기도 어디에서 산다는 말이 잠깐 들리더니 소식이 끊겼다. 힘들게 살고 삶이 자꾸 꼬인다고 하더니 언젠가 행방불

명이 되었다는 말을 들었다.

그러려니 당연한 듯 살아온 세월 속에 S에 대한 미안함이 가끔 생각났다. 돌이켜보니 초등학교 때 공부에서 이기지 못했던 아쉬움이 동창회장 선거 때 드러났던 모양이다. 혹시나 그때 나로 인해 입은 상처가 원인이 되었는지 모르겠다.

그러고 보니 사람 사는 동네에 어디나 담장이 있다. 맹수나 적으로부터 생명을 보호하거나 사생활을 노출하지 않으려는 목적이다. 담장이 높을수록 지키거나 감추고 싶은 것이 많다.

세월이 지나기 전에는 내가 둘러싼 담장의 높이를 깨닫지 못했다. 늘 나의 기준이 옳았고 그렇게 주장할 때마다 벽 하나를 만들었던 것 같다. 이제는 그 벽이 담장이 되어 내 맘과 같지 않게 행하는 사람을 판단하고 비난하고 있다.

큰아버지네 담장은 허물어졌는데, S에 대한 내 담장은 이제는 허물 수가 없다. 나는 왜 S와 나 사이에 가로막힌 담장을 진즉 허물고 시원스런 우정의 길을 내지 못했을까. 큰아버지네 담장을 생각할 때마다 S와의 담장이 더욱 아려온다.

아버지가 농사짓는 법

아버지는 40마지기(논 1마지기는 200평, 밭은 100평)가 넘은 농사를 지으셨다. 벼농사가 중심이었지만 밭도 10마지기는 되었던 것 같다. 동네에서 이 정도 살림살이는 중농이라 불렸다. 지병으로 몸이 불편하셔서 지게질 같은 힘든 일은 하지 못했다. 그래서 머슴이라 불리지만 가족이 된 1년 계약제 일꾼을 고용하여 농사일을 맡겼다. 해마다 같은 일이 반복되는 것이 농사지만 우선순위가 있고 날씨를 잘 예측해야 수확이 풍성해진다.

농사는 시기를 놓치지 않아야 한다. 온 가족이 저녁밥을 함께 먹으면서 아버지는 농사일을 의논하고 지시한다. 씨뿌리기, 모내기, 가을걷이는 일손이 한꺼번에 몰려 부뚜막의 고양이 손도 빌린다고 한다. 우리 동네 농사일은 대부분 품앗이였다. 노동의 교환으로 품(일손)을 빌리고 갚는 것을 말한다. 우리 집은 몸이 아픈 아버지와 자식들이 객

지에 나가 공부하고 있어, 품앗이 대상이 아니었다. 그런데도 다른 집보다 농사일이 앞서 나갔다.

농사는 힘으로만 하지 않는다. 아버지는 특별한 농사법을 갖고 있었다.

지금은 불법이지만 아버지가 무면허 의료행위를 했던 것 같다. 동네 사람들은 밤에 위급한 병이 생기면 아버지에게 달려왔다. 병원이 5십 리(20㎞) 떨어진 읍내에 있고, 교통수단도 없는 탓에 발만 동동 구르며 날이 밝기만 기다리는 형편이었다. 아버지는 오랜 지병을 치료하기 위해 비상약을 갖추고 있었으며, 고열, 복통, 급체 같은 증상을 치료하는 능력이 있었다. 죽을 것 같은 고통을 치료해 준 고마움을 누구의 품앗이보다 우선적으로 아버지의 약값을 갚았다. 그게 아버지의 특별한 농사법이었다.

아버지는 고등학교 졸업한 이래 교사, 면사무소 근무 경력을 이유로 동네 이장을 오랫동안 맡아하셨다. 출생신고, 비료 구입, 급한 연락(그때 동네에는 전화가 한 대도 없었다.) 등을 처리하기 위해서는 한나절 일을 공쳐야 하기 때문에 아버지를 찾아와 톡톡히 신세를 지는 일이 많았다. 수시로 면사무소에 가야 하는 아버지에게는 그 정도의 일은 조금 시간이 걸리더라도, 어려운 일은 아니었다. 그들은 돈으로 계산할 수 없는 호의를, 아버지가 집에 없을 때, 급한 일을 못 본 체하지 않고 도와주었다. 이 따뜻한 인정으로 아버지의 농사는 차질 없이 진행되었다.

사람이 사는데 여러 가지 이야깃거리가 생긴다. 옳고 그름이 명확

하지 않거나 선택하기 난감한 일은 누군가와 의논을 하고 싶어진다. 농사 문제, 자식의 일, 건강 등, 아버지의 경험과 식견, 앞선 정보를 필요로 하는 사람이 많이 있었다. 우리 집이 큰길가에 위치한 까닭도 있었지만, 오가는 동네 사람들이 특별한 일이 없어도 수시로 들렀다. 아버지가 지나가는 사람을 불러들이는 경우도 많았다.

아버지는 건강 때문에 술과 담배를 하지 않았다. 그런데도 집에는 술과 담배가 떨어지지 않았다. 집에 오는 사람을 대접하기 위해서다. 어쩌면 이야기보다 한잔 술을 먹고 싶은 사람도 있었으리라. 농사를 짓는 사람은 고된 일을 할 때 술기운의 힘을 빌어 일을 하거나, 담배를 핑계로 잠깐 휴식을 취하곤 한다. 내 생각이 옳다고 생각하지만 상대가 스스로 자기 생각을 바꾸지 않으면 그 사람을 배려해야 한다는 것이 아버지의 지론이었다. 이렇게 쌓인 정 덕분에 아버지는 농사가 힘들지 않았다.

시대가 바뀌고 세상의 가치가 변했다. 아버지의 농사 방법을 요즘은 따라하는 사람이 없을 것 같다. 코로나19로 사회적 거리가 심리적 거리로 고착화되고 온기가 사라져 가는 농촌에 농기계 소리만 쓸쓸하게 들린다. 아버지가 보고 싶고 그리워진다.

익숙한 것 거리두기

아침에 일찍 눈을 떴다. 화장실을 가는데 몸이 무겁다. 콧물이 나오고 감기 기운이 있는 것 같다. 코로나19로 세상이 발칵 뒤집어진 요즈음에는 대수롭지 않게 여겼던 감기 증상에도 가슴이 덜컥거린다. 청춘도 아니면서 나이를 생각하지 않고 밤늦게까지 컴퓨터에 매달린 탓인 모양이다. 더위를 잘 타는 체질 때문에 여름이면 아무리 가벼운 이불도 거추장스럽다. 열대야가 있는 날은 자다가 일어나 두세 번 샤워를 한다.

몸에 열이 많아 더위를 잘 타서 여름이 힘들다. 올여름은 잘 넘어가나 했더니, 아껴 두었던 굴비를 포식하고 탈이 났다. 명품 굴비는 깡말라서 증기로 한참을 쪄야 하고, 매우 짜서 물에 밥을 말아 함께 먹는다. 둘이 먹기에 조금 양이 많은 듯했지만 버리기가 아까워 무리해서 먹었다. 저녁을 맛있게 먹었는데 한참 지나니 갈증이 심해 찬물을 많이 마셨다. 결국 더위에 약해진 몸이 명품을 거부하여 밤에 일곱 번이나 화장실을 들락거렸다. 익숙하면 무디어지고 잊는다더니 멀쩡할 때는 그저 그러려니 했던 내 존재가 갑자기 가족들에게 걱정거리로 관심사가 되었다.

참 당황스럽다. 어제저녁에 냉장고가 이상하다는 아내 말이 있기는 했다. 그래도 아침이면 괜찮겠지 했는데 큰일이 벌어지고 말았다. 냉동실을 가득 채운 음식들이 녹은 것이다. 얼었다 녹은 음식은 금방 변한다.

'언제 아들이 올지 몰라 아껴 두었던 소고기, 장어, 해물탕 재료. 허리 끊어질 것 같은 고통을 참으며 껍질 까고 갈아 얼려놓은 마늘. 딸이 몇 시간 걸려 만든 외손자 이유식'

냉장고에 넣어놓고 잊고 있었던 음식을 모두 꺼내 놓고 보니 정말 많다.

작은 일도 겹치면 큰일이 된다. 교회까지 못 가고 축 퍼져 누워 있어야 하는 큰일이 되었다. 왜 이러느냐로 시작한 질문이 버릴까 말까로 이어지는 동안 부글거리던 내 뱃속이 놀랐는지 조금 조용하다. 냉장고에서 일어난 큰일에 모두가 입을 다물고 말았다.

늘 함께하면서도 존재 가치를 잊고 사는 것이 많다. 당연하게 생각한 가족이 그렇고, 힘들어하며 출근했던 직장의 고마움도 그렇다.

문명이 발달하여 좋아졌다는 우리네 삶에 갈수록 큰 일이 많아지고 있는 것 같다. 핸드폰, 컴퓨터, 냉장고, 자동차 등 하나만 삐끗해도 큰일이 난다.

그래도 정말 중요한 큰일은 건강이라 생각한다. 내 발로 걷고 내 손으로 밥을 먹을 수 있다면 행복하다는 말에 새삼 공감이 간다. 텅 비어버린 냉동실과 미지근한 물을 마시려고 하니 이 큰일을 어떻게 해야 하나 걱정이 많다. 서비스 수리 신청을 해도 오래 기다려야 하고, 산 지도 오래되었으니, 냉장고를 새로 사야 한다고 딸은 주장한다. 요즘 웬만하면 있던 것도 버리고 소유를 줄여가고 있는데 냉장고를 새로 사야 한다는 말에 가슴이 답답하다.

냉동실을 통째로 거덜 낸 우리 집 냉장고가 우여곡절 끝에 25만 원의 수리비를 지출하고 정상이 되는 듯 했다. 딸과 많은 지인들이 새로 사야 한다는 조언이 있었지만, 수리해서 쓰자는 알뜰한 아내의 결정에 동의했다. 수리가 잘끝났다.

"이번 모터 교체로 적어도 5년은 걱정 없을 겁니다."라는 말에 너무 감사가 넘쳤던 모양이다. 오래된 냉장고 그 속사정을 누가 알 수 있겠는가. 1주일도 견디지 못하고 정신 줄을 놓아버린 냉장고 때문에 우리 집 모든 스케줄이 다시 꼬였다. 두 번의 방문 수리 결과 회생 불가 판정이 내려지고 기 지출한 수리비까지 환불받았다.

돈은 벌어도 알뜰한 지출에 무관심했던 나의 행동이 또 시련에 봉착했다. 아내와 딸에게 냉장고 구입의 모든 결정을 일임했다. 그 대신 며칠간 외손자 담당은 내 차지가 되고 말았다. 네 시간, 돌봄의 한계를 넘은 불평을 하려고 했지만 파김치 되어 돌아온 모녀의 모습에 입을 다물었다.

냉장고 구입에 얽힌 어려운 일은 끝나지 않았다. 인터넷이면 모든 것이 다 해결되는 줄 알았는데 발품 팔아 백화점, 직매점을 시장 조사하고 깜짝 놀랐다. 정가라 붙은 금액도 다르고 여러 가지 할인 조건을 잘 활용하니 백만 원 넘게 싸게 구입할 수 있었다. 일주일을 더 기다려야 배송이 된다고 하니 아직도 그 어려운 일은 진행 중이다.

나는 그동안 너무 한 길로만 살아온 탓인지 세상 물정이 어둡다. 생각은 많지만 행동이 성급하고 귀찮은 것을 싫어한다.

바른 길은 어렵고 힘들지만 결과가 좋다. 끝나지 않는 어려운 일이 힘들기는 하지만 그 일을 해결하면 나의 삶은 더 행복해질 것 같다.

기능이 업그레이드 된 새 냉장고가 기다려진다.

성장통

중학교 1학년 때였던 것 같다. 자다가 무릎이 쑤시고 종아리가 당겨서 자주 잠에서 깼다. 한참을 주무르고 다시 자다가 일어나면 아무렇지 않았다. 지금 생각해 보니 성장통이었던 모양이다. 그때 키가 가장 많이 자랐다.

성장통은 한창 자라는 어린이에게 일어나는 일반적인 통증 증후이다. 관절보다는 근육에, 팔보다는 다리에 더 많이 생긴다. 통증은 아침까지 계속되지 않으며 염증이나 후유증을 걱정하지 않아도 된다고 한다.

비참했던 한국전쟁 이후 50년 만에 선진국 대열에 진입한 우리나라의 발전을 두고 한강의 기적이라고 일컫는다. 급격한 경제 성장을 위해 포기해야 할 것도 많았다. 개인의 인권이나 행복, 민주주의보다 나라의 경제력을 먼저 생각해야 했다. 후진국 세대인 60년대에 태어난 사람과 선진국 세대인 90년대 출신은 생각의 차이가 많을 수밖에 없다. 희생이나 다소의 불편함을 성장통으로 인식하고 인내하는 기성세대를 꼰대로 지칭하는 젊은이들이 많다. 거저 주어진 것 같은 오늘을 너무 당연하게 여기는 그들의 태도에 때로는 서운할 때가 있다.

세대 간 갈등, 빈부의 격차, 뿌리 깊은 이념 논쟁, 끝없는 요구와 무책임한 자유의 일탈이 현재 우리의 고민이다. 피와 땀을 흘려 이룩한 성과도 한순간에 날려 버리는 국가나 개인의 사례를 자주 본다. 모두가 옳거나 전부 잘못된 것은 없는 데도 말이다. 평행선처럼 갈라져 서로에게 손가락질하는 현실이 걱정이다.

그래도 희망의 끈을 놓지 않고 있다. 지금의 문제는 짧은 기간 성장으로 생긴 후유증이며 더 나은 발전을 위한 성장통이라 믿기 때문이다.

해마다 이때쯤이면 그 해의 사자성어를 선정한다. 상징적이며 절실한 생각이 담겨 있어 고개가 끄떡여진다. 취업포털 인크루트가 설문조사한 결과 구직자는 걱정이 많아 잠을 이루지 못했다는 뜻의 '전전반측(輾轉反側)'을 가장 많이 꼽았다. 오죽했으면 잠을 이루지 못했을까! 배울 수 있는 만큼 배우고 밤늦게까지 공부해서 쌓은 능력을 발휘할 수 없으니 혼자서 끙끙 앓을 수밖에 없다.

말은 안 하지만 집집마다 아픈 손가락 하나쯤 있는 것 같다. 내 자식도 취업을 위해 재수, 3수, 4수를 했다. 눈은 높고 자존심이 강한 까닭에 "놀았으면 놀았지 그런 곳은 안 가!" 하다 보면 혼자 사는 세월이 길어진다. 취업 절벽의 비명이 연말이 되자 한이 되어 가슴에 멍이 들고 있다.

사람 사는 곳 어디에나 고민은 있는 모양이다. 자영업자의 선택은 애만 쓰고 보람이 없다는 뜻의 '노이무공(勞而無功)'이었다. 여러 가지 사연을 갖고 시작한 자영업이 창업의 설렘 꼬리표도 떼지 못하고 문을 닫는 사람이 부지기수라고 한다. 경험이 없어도 가능하다는 체인점은 그럴듯한 하루하루가 월말 결산에 이르면 모두가 허탕이다.

남의 돈 먹기가 쉬운 게 아니다. '아더매치'해도 견딜 수는 있다. 하지만 남는 것이 없으면 보람도 없다. 간판이 걸렸다고 살아 있는 것은 아니다. 다른 길이 없기 때문에 하던 일을 계속할 뿐이다. 먹고사는 문제가 이렇게 절박한데 정치권의 이전투구는 갈수록 가관이니 눈과 귀가 넌더리를 낸다. 경제를 살리는 묘수는 없을까?

어렵게 취업에 성공하여 세상이 살만 할 것이란 직장인은 '스스로 살길을 찾는다'라는 '각자도생(各自圖生)'을 이구동성으로 말했다. 협력하고 양보하며 성실하게 노력하면 회사가 알아서 정년까지 보장해 주던 시절은 지났다. 매월 달성해야 하는 목표에 쫓기다 보면 살아남기 위해 별 보고 출근해서 별 보며 퇴근한다. 우리나라 사람이 가장 선호한다는 대기업도 구조 조정이나 감원의 찬바람이 수시로 불고 있는 현실이니 더 이상 무슨 말이 필요하겠는가. 그러니 자기가 살 길은 자기가 찾아야 하는지도 모른다.

나는 백수로 지내기 전에는 '다사다망(多事多忙)'을 가장 많이 말했는데, 이제는 아무것도 생각하지 않고 조용히 있다는 뜻의 '허심평의(虛心平意)'의 삶이 되는 것 같아 걱정이다.

지난해는 지나간 대로 덮어두고 밝아오는 새해를 소망한다. 욕심 많게 만사형통萬事亨通과 일취월장日就月將으로 목표를 정했다. 삶이 그런 것이지만 오늘의 흐림이 내일의 성장통으로 변환되었으면 좋겠다는 생각을 사자성어에 담아본다.

요즘도 잠을 자다 자주 깬다. 무릎이나 다리가 아파서가 아니라 꿈 때문이다. 해결되지 않는 문제나 걱정거리가 있으면 깊이 잠들지 못한다. 하지 못한 일, 잘못했던 행동, 앞으로 나아가려는 소망이 꿈속에서 아픔이 된다.

열심히 살다 정년퇴직을 했고 부모의 의무라는 자식들을 다 출가시켰다. 이젠 비우고 내려놓을 것도 많지 않은데 늦게 배운 글쓰기가 희망 고문이 되고 있다. 자다 깨서 아침단상을 묵상하며 믿음의 사명을 위해 기도하다 보면 겨울밤이 짧게만 느껴진다.

나의 성장통은 아직 끝나지 않았다. 내 인생의 시계는 겨우 오후 3시를 지나고 있다. 아름답다는 황혼의 낙조도 한참 기다려야 한다. 계속 성장해야 한다. 성장통이 젊은이들만의 전유물이 아니라고 외치고 싶다.

밥그릇

우리 집 주방 찬장에는 여러 종류의 그릇이 있다. 그릇의 이름은 담는 음식의 종류에 따라 정해진다. 밥을 담으면 밥그릇, 국을 담으면 국그릇이라 부른다. 요즘에 와서는 한 가지 용도로만 정해놓지 않고 자유롭게 사용하기 때문에 모두 밥그릇으로 불린다.

어렸을 때 아버지의 밥그릇은 우리 집에서 가장 크고 뚜껑이 있는 그릇이었다. 놋쇠로 만들어 무겁기도 하고 오래 쓰면 누렇게 때가 낀다. 그럴 때마다 어머니는 볏짚 태운 재를 수세미에 묻혀 밥그릇이 반짝반짝 윤이 나게 닦았다. 아버지가 늦게 들어오시거나 안 계실 때는 뚜껑이 있는 그릇에 밥과 국을 담아 따뜻한 아랫목에 늘 묻어두었다.

아버지와 함께 밥을 먹을 때는 내가 먼저 수저를 들거나 맛있는 반찬은 많이 먹지 않았다. 특별히 말은 없었지만 어머니가 밥그릇을 통해 아버지를 존중하고 사랑하는 법을 가르쳤던 것 같다.

명절 때문인지 불쑥 아버지 생각이 났다. 대부분의 자식들은 아버지보다 어머니에 대한 추억이 많고 더 그리워한다. 인질극을 벌이는 현장에는 꼭 애절한 목소리로 자식을 달래는 어머니가 있고, 대개 어머니 덕분에 참을 수 없는 분노를 가라앉히고 마음을 되돌린다.

나에게는 어머니보다 아버지에 대한 기억이 많다. 일제침략 시절에 할아버지가 조금 잘 살았다. 아버지가 어찌하여 대구에 있는 공고를 졸업하였는지는 기억에 없다. 그 까닭에 학도병으로 끌려가 인도네시아 보르네오 섬에서 전쟁에 참여했다. 생과 사를 넘나드는 고비가 여러 번 있었다는데 운 좋게 살아남아 종전을 맞았다. 종전이 되고도 한참 지나 아버지가 죽었다는 소문이 기정사실이 될 무렵에 집에 돌아오셨다.

나라가 찬탁, 반탁으로 혼란할 때라, 할머니의 강권으로 당분간이란 단서를 달고 초등학교 교사가 되었다. 교육 현장이 열악했는데 뜨거운 열정으로 가르치다 평생 한이 되는 지병을 얻었다. 그 후유증은 두고두고 내 삶에 많은 고난이 되었다.

내가 기억하는 아버지는 아침 일찍 자전거를 타고 면사무소로 출근했고, 방학숙제인 일기를 다 못한 내 손을 잡고 함께 써주시던 따뜻한 품이 생각난다. 내가 교사로 초임 발령을 받던 날, 내 손을 잡고 미안하다며 유언처럼 당부하시던 말이 있다.

"자식들이 선생이 안 되었으면 했는데, 형은 중학교, 너는 초등학교 선생이 되었다. 쉬는 시간에는 꼭 창문을 열고 건강에 주의해라."

지병으로 자신의 꿈을 펼치지 못했고, 당신의 병간호를 하다 45세

젊은 나이에 아내를 저세상으로 떠나보낸 한이 얼마나 컸는지를 그때는 몰랐다.

내 자식이 어느 정도 자라서 먹고 살만해졌을 때 고개를 들어보니 아버지는 안 계셨다. 처음으로 내 아파트에 입주한 날, 새 차를 구입하여 타던 날 아버지가 생각나 홀로 가슴을 쓸면서 울었다.

"용돈 마음 편히 드리지 못하고, 좋은 보약 한 번 지어드리지 못해 죄송해요."

산을 오를 때 보지 못한 것이 많은 것처럼, 젊어서 생각하지 못했던 일들이 한이 될 때가 많다.

올랐던 산을 내려오면서 보니 이제야 주변 경치가 보인다. 명절에 찾아오는 내 자식을 보며, 지금은 내 곁에 안 계시는 아버지가 더욱 그립다.

어머니가 돌아가신 후 아버지의 밥그릇도 사라졌다. 밥그릇이 없어진다는 것은 슬프고 두려운 일이다. 밥그릇은 단순한 먹고 사는 용도를 넘어서 삶과 죽음을 상징하기 때문이다.

요즘은 가부장적 문화는 구세대의 유물로 취급되고 있다. 우리 집도 주인이 정해진 밥그릇은 없다. 밥통이 아랫목을 대신하고 나서는 밥그릇에 뚜껑이 없어진 지 오래다.

요즘 이슈가 되는 굴뚝 농성도 어쩌면 밥그릇 문제인 것 같다. 옳고 그른 것보다 죽고 사는 밥그릇이 관련되면 문제를 쉽게 해결할 수 없다. 권력의 힘이나 여론이란 대세로 밀어붙이면 극단적인 선택을 할 수밖에 없는 상황이 연출되기도 한다. 방향을 바꾸기 어렵다면 속도를 조절하거나 조금 돌아가는 것도 좋을 것 같다.

그동안 내 밥그릇은 작아서 먹고살기에 빠듯했다. 신세진 사람들에게 제대로 한 턱 쏘아보지 못했다. 다행히 밥그릇이 깨지거나 누구에게 빼앗기는 불행한 일 없이 잘 살아왔다.

잘 알려진 O는 조상의 덕을 보고 있는 것 같다. 타고난 능력이 뛰어나고 노력에 비해 도와주는 사람이 많아 부러워하는 밥그릇을 소유했다. 밥그릇이 커지면 지켜보는 눈이 많아지고 갖추어야 할 조건이 많다. 큰 밥그릇은 얻기도 힘들지만 지키기란 더 어렵다. 주인의 품격을 먼저 갖추지 못하면 복도 짐이 되어 추락하고 만다.

나도 아버지처럼 내 밥그릇이 있었으면 좋겠다. 밥그릇이야 내 손으로 살 수 있지만 그 그릇을 내 밥그릇으로 인정해 주는 사람들이 있어야 한다. 밥그릇의 권위는 사랑과 믿음에서 나온다. 강요하거나 투쟁하지 않아도 밥그릇을 오래 소유하기를 소망한다.

담금질의 다독거림

어렸을 적에 장날만 되면 나는 늘 마음이 설레었다. 장터는 사람이 많고 눈이 팽팽 돌아가는 볼거리가 차고 넘쳤다. 십 리쯤 걸어야 갈 수 있는 거리였기에 특별한 날이 아니면 부모님이 허락하지 않았다. 초등학교 고학년이 되자 아버지 대신 가끔 심부름을 하러 혼자 장터에 갈 수 있었다. 내가 원하는 것은 달콤한 왕사탕과 뻥튀기였지만 정작 찾아가야할 곳은 대장간이었다. 부러진 낫이며 호미, 괭이를 한 망태 가져간 탓에 심부름을 완수하려면 망치 소리에 귀가 먹먹해져도 참고 기다려야했다.

대장간에는 대장장이가 풀무를 차려놓고 시우쇠(무쇠를 불려서 만든 쇠붙이)로 각종 연장을 만들었다. 쇠붙이를 뜨거운 불구덩이에 넣었다가 꺼내서 두드리고 찬물에 넣어서 식히는 작업을 반복했다. 덩어리진 쇠붙이가 망치질이 계속될 때마다 각종 농기구로 변하는 과정은 요술 같은 기술이었다. 하지만 애써 달군 농기구를 찬물 속에 집어넣는 까닭이 궁금해서 물어본 적이 있다.

"쇠를 두드리면 단단해지고, 찬물에 빨리 식히면 강해지는 거여."

후배 J는 초등학교 3학년과 1학년 두 아이를 두었다. 남편은 얼마 전에 교통사고로 세상을 떠났는데, 죽은 남편이 가해자로 몰려 그들은 길거리로 쫓겨났다. 간신히 지하 월세방을 빌려 변변찮은 이불과 옷 몇 개로 셋이 함께 산다. J는 아침 6시에 집을 나가 빌딩 청소를 한다. 청소가 끝나면 학교 급식을 돕고, 밤에는 식당에서 접시를 닦는다. 집안일은 초등학교 3학년인 맏이가 맡고 있다. 얼마 전에 J는 냄비에 콩을 잔뜩 안쳐 놓고 집을 나서며 메모지를 남겼었다.

"영호야. 냄비에 콩을 안쳐 놓았으니 이것을 조려 저녁 반찬으로 해라. 콩이 물러지면 간장을 넣어 간을 맞추면 된다. 엄마가."

하루 종일 시달려 지친 엄마는 오늘은 꼭 죽겠다는 생각으로 수면제를 사들고 돌아왔다. 그때 두 아이가 잠든 이불 위에 맏이가 쓴 편지가 있었다. 그 편지를 보고 엄마는 수면제를 버리고 맏이가 만든 콩자반을 눈물범벅이 된 채 먹었다.

"엄마! 오늘 엄마 말대로 콩이 물러졌을 때 간장을 부었는데 동생이 짜서 못 먹겠다고 투정해서 한 대 때렸더니 울다 잠들었어요. 열심히 콩을 삶았는데… 엄마! 용서해 주세요. 내일은 나가기 전에 저를 꼭 깨워 콩 삶는 법을 가르쳐 주세요. 엄마! 피곤하지요? 꼭 건강하세요. 사랑해요. 엄마 고생하는 것 저희도 다 알아요. 먼저 잘게요."

J가 울면서 전하는 이야기를 들으면서 불쑥 어렸을 적에 들은 대장장이의 말이 생각났다.

"비싸고 귀한 농기구는 더 많이 두드리고, 뜨거운 불과 찬물을 여러 번 오가야한다."

우리 집에서 갑이 된 외손자가 감기 기운이 있다. 콧물이 자주 나온다. 입맛이 없는지 밥을 잘 먹지 않아 걱정이다. 감기약을 먹였더니 어린이집에 갈 시간인데 비실거리며 잠투정을 한다. 할아버지가 안고 등을 다독거리니 안심이 되는지 잠을 잔다. 부모와 떨어져 혼자 지내려니 불안한 모양이다. 다독거림이 낯섦에 익숙해지는 담금질이다.

어려서는 부모의 다독거림이 낯선 세상에 나아가는 힘이 되었다. 눈에 보이지 않아도 부르면 언제나 달려왔다. 안아 주고 다독거려주면 무서울 것이 없었다.

학교에 처음 들어갔을 때 새로운 것이 많아 신기했다. 성적이 친구들과 비교되면서 불안감이 커졌다. 더구나 광주 서중 입시에 처음 실패 하고 나니 세상이 힘들게 느껴졌다. 시골에서 공부를 좀 한다고 했는데 함께 시험을 본 친구들도 모두 떨어졌다.

"그래도 도전하길 잘했다. 한 번 가본 길은 다음에는 더 쉽게 갈 수 있단다."

담임 선생님의 다독거림이 그때는 잘 이해되지 않았다. 중학교부터 광주에서 하숙하며 학교에 다녔다. 고등학생 때 아슬아슬한 일탈의 비행이 있을 뻔 했다. 기술에 적성이 있는 줄 알고 공고 기계과에 진학해 보니 그게 아니었다. 담배 피고 주먹 쓰는 친구들과 어울리며, 서울로 가출하기로 모의 했다. 하숙비가 늦게 온 덕분에 돈이 없어 나만 그 대열에 참여하지 못했다. 학교가 발칵 뒤집히고 학생과에 호출되어 갔다. 하루 종일 조사받고 몽둥이 다독거림으로 무척 힘들었다. 끝나고 나올 때 선생님이 머리를 한 대 더 쥐어박으며 말했다.

"너 운이 좋은 줄이나 알아라, 나중에 하숙비 늦게 보내준 부모님께 감사해야 한다."

결혼 하자 내가 다독거려야 할 자식이 태어났다. 직장 일에 지치고, 가장이며 아버지라는 자리가 늘 마음에 무거운 짐이 되었다. 워낙 빈손으로 시작하였기에 작은 집 한 칸 마련하느라 10년을 넘게 아끼고 아끼며 살았다. 다행히 아내가 어려울 때마다 믿음의 다독거림으로 용기를 불어 넣어주었다.

힘들고 어려운 시기를 지나는 사람에게는 누군가의 도움이 필요하다. 나를 인정하고 믿고 다독거려 주면 담금질을 이겨내는 힘이 된다.

인생도 그런 것 같다. 호된 담금질을 거친 사람은 수시로 닥쳐오는 삶의 거친 파도를 잘 견디어낸다. J와 자식들의 장래가 어떨지 나는 잘 모르겠다. 단지 그들이 지금은 힘들어 보이지만, 만날 때마다 더 강해지고 있는 모습과 의지를 감지한다. 그때마다 만나보고 돌아오는 내 발걸음이 가볍고 마음이 따뜻해진다.

암시랑토 않다

신종 코로나 바이러스로 언론이 시끄럽고, 사는 것이 어지럽다. 우한이 어디에 있는지도 몰랐는데, 세계가 우한의 공포에 떨고 있다. 이 난감한 사건으로 빨라지고 넓어진 세상살이를 실감한다.

이런 상황에 2박 3일 골프여행을 영암 아크로 CC에 다녀왔다. 6개월 정도 골프채를 안 잡았더니, 첫날 결과는 죽을 썼다. 골프도 노력 없이 잘하려고 하는 것은 도둑놈 심보라고 한다. 원래 실력과 별 차이가 나지는 않았지만 공감이 가는 핑곗거리를 찾아내어 겨우 체면을 세웠다.

"어제 잠을 설쳤더니 오늘 쪼깐 안 맞네."

동호인 8명이 그쪽 사람들이라 걸쭉한 사투리가 낯가리지 않고 쏟아져 나왔다. 그래도 그렇지, 내가 친 공이 OB가 거의 확실한 것 같은데도 "암시랑토 않다."고 말해서 '멀리건'을 주라는 말도 못했다.

다행히 그날 저녁에 내 주종목인 19홀이 잘 풀린 덕분에 이틀을 그냥저냥 편안한 마음으로 지낼 수 있었다.

첫 티업 시간에 맞추려고 아침 겸 점심을 클럽하우스에서 먹었다. 시간 절약을 위해 사전에 주문을 받았는데 K는 '매생이 굴국밥'을 '매생이 국밥'만 시키고, O는 '짱뚱어탕'을 땅퉁어탕으로 주문하는 바람에 총무가 조금 힘들었다. 그래도 입이 부지런한 내가 K의 '매생이 굴국밥'에서 굴을 대신 먹어주기로 하여 총무를 도와주었다. O는 사전에 주문한 자기의 메뉴가 아닌데도 막무가내로 짱뚱어탕을 잘도 먹었다.

K가 굴을 빼앗기고 매생이 국밥만 먹은 탓인지 공이 잘 맞지 않았다. 나는 말도 못하고 K의 눈치를 많이 보았다. 다행히 K가 사는 용인 아파트가 자고나면 억! 억! 한다는 말을 들으니 걱정이 가셨다.

둘째날 아침 10시 30분에 운동을 시작해서 마치고 씻고 나니 거의 네 시가 되었다. 점심이 늦었지만 "내 고향에 왔으니 점심 한 끼 대접하고 싶다."라는 지인의 강청에 못 이기는 척 넘어 갔다. 소문난 식당답게 쫀득쫀득한 염소 수육과 진하고 얼큰한 탕에서 호남의 맛깔스러움이 살아있었다.

고향의 정은 생각지도 않는 곳에서 불쑥 다가왔다. 퇴임하고 시로 등단한 J선배가 마지막 날 아침에 얼굴이라도 보고 싶다고 찾아와 금일봉을 내놓았다. 전에 아프다던 건강을 물었더니 암시랑토 않단다. 고향의 아늑함과 시인의 청순함이 몸에 베인 듯하여 입 모아 부러움을 전했다.

집 떠난 지가 얼마 되지 않았는데 벌써 집에 가고 싶다. 꼭 해야 할 일도 없는데, 무언가 허전함이 커지고 있다. 아마도 힘들다고 늘 말은 하지만 손자가 보고 싶은 모양인가.

멀고 먼 길을 올라오면서 운전하는 O에게 "기냥 언치 가는 것만도 아심찬 헝깨 암디나 내라주고 가라."고 했다. 교회도 안 다니는 사람이 '5리를 같이 가자고 하면 10리를 함께 가라'는 예수님 말씀을 어떻게 알았는지 집 앞에다 내려 주어서 솔찬히 고마웠다. 편안한 마음으로 현관 초인종을 누르려다 들고 온 골프백을 보니 내 것이 아니었다. 함께 탔던 O의 것을 잘못 내렸다. 고향에서는 이런 일도 암시랑토 않겠지만 이곳은 모두가 바쁜 생활을 하는지라 다시 약속 잡기가 쉽지 않다. 전화를 해서 목적지까지 거의 간 차를 돌리게 하여 골프백을 바꾸었다. 이래저래 조금 피곤했다.

푹 자고 아침에 일어나니 적당히 노곤하다. 그런데 목이 간질간질하여 기침이 가끔 나온다. 오늘이 지인 S의 아들 결혼식이 있는데 걱정이 되었다. 딸이 밖에 나가면 마스크 안 쓴 사람 없다면서 코로나 심각성을 강조한다. 더구나 여동생이 어젯밤 전화로 "큰댁 형님이 코로나로 수꾸락 놓게 생겼다 해서 찾아가봤더니 암시랑토 않등마." 하면서 그래도 코로나를 조심해야 한단다.

한 해가 시작한 지 겨우 한 달이 되었는데 뭔 일이 자꾸 꼬이는 것 같다. '냅두면 될 일을 눈꼴이 시다고 자꼬 나서는 사람', "나헌티는 뭔 말을 씨부리도 한본 안 된다면 안 뒹께 눅 아버지헌티나 가 봐라."하는 사람이 많아지고 있다.

다시 한 번 그곳에 가서 무슨 일이든지 "암시랑토 않다."라는 말을 듣고 싶다.

* 암시랑토 않다 : 아무렇지도 않다는 뜻의 전라도 토박이말

가을바람風과 바람望

벌써 햇살의 무게가 가벼워졌다. 스쳐가는 바람 끝에 스산함이 묻어 있어 마음은 벌써 가을 마중에 바쁘다. 무더웠던 여름을 잘 이겨낸 사람들은 말한다. 그래도 살아갈 수 있는 길은 항상 열려 있다고.

김광석의 '흐린 가을 하늘에 편지를 써' 노래가 아니어도 누군가에게 편지를 쓰고 싶은 간절함이 밀물처럼 몰려온다. 무슨 말부터 쓸까? 그립다고 하자. 벌써 세월의 수레바퀴가 반백 년을 넘어 지나갔으니 그때 그 정이야 옛날 같지 않다. 그래도 하얗게 바랜 기억 속에는 가슴 떨리는 감정이 봉인되어 남아 있다.

우여곡절 끝에 들어간 대학에서 만나 마음을 주었던 친구가 있다. 교복은 벗었지만 자유를 만끽하지도 못하고 Rntc훈련으로 묶여버렸다. 더구나 '자의반 타의반'으로 선택한 진로에 대한 한을 녹여내느라 친구와 살 비비고 진한 땀을 함께 흘렸다.

졸업 후 백수 3년 동안 늘 붙어서 지냈으니 애틋한 정이 소록소록 쌓일 수밖에 없었다. 그런데 그는 내 곁을 떠났다. 부인과 자식 둘까지 남겨두고. 누구나 한 번은 가야할 길이지만 참 허망하게 스러져 버렸다. 가을이 깊어져 그 시절의 추억이 생각나면 빛바랜 앨범을 펼쳐보고 붙이지 못할 편지를 쓴다. 그를 향한 나의 바람의 편지는 갈 곳을 잃고 낙엽처럼 날려가지만 내 기억 속 그의 모습은 아직도 변하지 않고 있다.

문득 잠들었던 기억이 되살아난다. 그때가 아마 초등학교 6학년이었으니 열네 살쯤 되었을 것 같다. 요즘의 열네 살과 비교할 수 없도록, 생존력이 강인했다. 보릿고개를 걱정할 만큼 먹을 것이 부족했었다. 부모가 먹여 주는 것으로는 늘 배가 고파서 또래끼리 어울려 냇가나 산과 들로 먹을 것을 찾아 쏘다녔다.

그날은 누군가 엉뚱한 제안을 했다. 수심이 깊어서 평소에는 아이들의 접근을 금하는 냇가에 물고기가 많다는 것이다. 형들처럼 어죽을 끓여 먹자고 했다. 쌀은 각자가 한 주먹씩, 그릇 일체는 개구쟁이로 소문난 H가 가져왔다. 나는 배고픔보다 또래에서 소외될까봐 호주머니 두 개에 어머니 몰래 쌀을 훔쳐왔다.

손재주가 좋은 녀석들이 많아서 붕어, 미꾸라지, 송사리, 심지어 메기를 금방 잡아왔다. 죽이라고 해보았자 물고기와 쌀을 넣고 끓여 소금으로 간을 맞추면 끝이었다. 성질 급한 K의 성화로 냄비 뚜껑이 세 번이나 열렸다 닫혔다. 겨우 겨우 물이 냄비 밖으로 넘치자 앞 다투어 먹기 시작했다. 쌀이 설익고 비린내가 났지만 다들 정신없이 먹는 탓에 나도 억지로 꽤 먹었다. 해가 어스름할 때까지 놀다가 눈치껏 각자 집에 돌아갔다. 그렇게 거사가 성공리에 끝난 줄 알았더니 다음 날 난리가 났다. H는 그릇 몇 개를 분실하여 종아리에 피멍이 들게 맞았다. K는 뜨거운 죽을 식탐하다 입천장이 데어서 사흘이나 밥을 못 먹었다. 나는 밤새 토하고 설사를 하는 통에 아버지가 3십 리나 떨어진 면소재지 약방까지 약을 사러 자전거로 갔다 오셨다.

세월이 많이 지났지만 녀석들이 함께하는 자리에는 언제나 그 거사 이야기가 빠지지 않는다. 언제 한 번 그곳에서 다시 거사를 해보자는 약속을 몇 번이나 했지만 아직까지 실행에 옮기지 못하고 있다. H는 하는 사업이 경기 침체로 정신이 없고, K는 무릎이 안 좋아서 병원에 있다. 이번에는 그동안 녀석들에게 진 신세를 내가 갚아야하는데 외손주 돌보느라 짬이 나지 않는다. 못난 사람은 남의 탓을 자주 한다. 내 마음을 바꾸어야지 환경이나 조건이 바뀐다고 내일이 바뀌지 않는다. 예고 없이 찾아오는 고난의 손님이 찾아오기 전에 내가 좀 서둘러야 할 것 같다.

왠지 모르게 가슴이 허전하고 체중이 줄었다. 낮에는 서둘러 입은 긴팔 셔츠가 답답하게 느껴질 만큼 바람이 잠잠하다. 가을은 바람에서 먼저 온다. 잎을 떨구어 떠나보내려는 바람이 계절을 재촉하며 내 마음을 조급하게 한다.

한껏 치켜졌던 푸름이 바람의 바뀜에 위세를 잃었다. 저마다 색깔을 달리할 수는 있지만 단풍이라는 이름으로 흐르는 세월에 온 산을 물들이고 있다. 푸름도 고맙지만 분수를 알고 겸손하게 겨울을 준비하는 그들의 잔치에 맛을 아는 사람들의 발길이 바쁘다.

가을이 깊어간다. 이 계절의 전령사는 노란 은행잎과 빨간 단풍잎이다. 여름에 지쳐 힘들어할 때 그들은 벌써 가을을 준비하고 있었다. 무더위가 맹위를 떨치는 시절에는 가을을 말하긴 쉽지 않다. 그러나 어김없이 시간은 흐르고 계절도 바뀐다.

사람마다 바람風에 띄운 바람望의 내용이 다르다. 간당간당한 삶의 허기짐을 씻어줄 변화의 바람을 소원하고, 겨울 생각에 몸이 움츠러들기도 한다. 오늘을 칙칙하게 생각하면 바람望도 많아진다.

나이가 들면 현명해진다지만, 용기는 줄어들고 잔소리만 늘어난다. 좋아하는 TV를 켜도 잘났다는 사람들의 끊임없는 헛소리가 질리게 한다. 그렇다 보니 바람風에 띄우는 나의 바람望이 끝이 없다. 안타까운 나라, 기억 속의 친구, 걱정 반 기쁨 반인 자식과 손주, 백세는 아니어도 사는 동안 건강하게 살고 싶은 욕심….

바람風이 스쳐간 자리엔 벌써 낙엽이 된 바람望이 수북이 쌓여 있다. 바람風에 띄우는 바람望이 많아서인지 오늘 아침 바람이 무겁고 더 차갑다.

여수 봄바람

서울에서 여수까지는 정말 멀다. KTX를 타도 세 시간이나 걸린다. 친한 친구 N이 살고 있어 자주 찾아갔었는데, 그가 갑자기 세상을 떠나는 바람에 여수에 갈 일이 없어졌다. 이번 여행의 목적지가 된 까닭은 처형이 강력히 추천했기 때문이다.

출발 전에 인터넷을 통해 볼 것, 먹을 것을 검색해 보았다. 여수의 이미지가 된 밤바다 야경, 동백꽃의 오동도, 해양랜드, 해상케이블카, 예술공원, 아쿠아플라넷, 천사벽화마을, 루지테마파크, 해양레일바이크 등 갈 곳이 많아 2박 3일로도 바쁠 것 같다.

또 빼놓을 수 없는 먹거리는 여수 낭만포차거리, 여진식당, 강남집, 상아산장어전문식당, 경도회관, 엑스포해물예찬 맛집소개에 한껏 기대가 부풀었다.

즐거운 여행이 되려면 세 가지 조건이 충족되어야 한다. 날씨, 동반자, 가이드이다.

출발 전날 밤에 딸은 자기가 사준 롱 패딩을 입고 가야 한다며 그 이유를 세 가지나 들었다. 아빠가 추울까 봐 사 준 선물이지만 겨울이 되면 외출할 때마다 신경이 쓰인다. 걷는 시간보다 차를 타거나 실내에서 주로 생활하는 시간이 많기 때문이다. 몇 번이나 딸 체면을 세워주려다 더워서 혼이 났다. 사랑도 과하면 골치가 아파진다. 어쨌든 출발하는 날 아침에 그 패딩을 입고 나왔는데 날씨가 추웠다.

엑스포역에 도착하여 밖으로 나오니 날씨가 포근해 슬슬 걱정이 되었다. 오가는 사람들의 옷차림은 거의 이른 봄 옷차림이다. 그동안 다른 사람 옷을 유심히 보지 않았는데 나와 관련되니 관심이 높아진다.

도시의 모습이 조금 한산해 보이지만 건물이 빼곡하지 않아 하늘이 시원하게 보인다. 그래서일까. 사람들의 표정이 평온하고 발걸음이 한가롭다. 서울은 아직 겨울인데 여기는 봄기운이 느껴진다. 바람에서, 사람에서도. 길가 곳곳에는 동백꽃이 피어 있다. 여수의 꽃은 역시 동백꽃이다. '그 누구보다 당신을 사랑합니다'라는 꽃말처럼 조금 투박한 자태가 우직해 보인다. 동백은 빨강, 하얀, 분홍색으로 얼어버린 겨울을 지키고 있다.

서울로 간 사람들은 사는 게 바빠서 웃음마저 꽃피울 틈이 없는 모양이다. 안 해도 될 말을 하고 같은 실수를 자기도 모르게 하면서도 바늘 하나 꼽을 여유 없는 기준으로 판단하며 겨울처럼 산다. 고향에서 살 때는 손은 힘들어도 마음은 편했는데 '집 떠나면 개고생'이란 말이 맞는지 사는 게 만만치 않다. 늙어가기는 쉬워도 익어가기가 참 어렵다. 겨울이 깊을수록 봄도 멀지 않았다. 마음의 봄은 믿음에서 오지만 세상의 봄은 멀게만 보인다.

그래도 여기는 살 만해 보인다. 살림 속이야 들어가서 볼 수 없으니 짐작만 한다. 봄 같은 바람이 깨웠는지 파릇파릇한 봄나물이 여기저기 눈에 띈다. 지금 남녘에는 봄이 오고 있다. 마음 같아서는 그 봄을 서울에도, 추운 겨울을 지내고 있는 사람에게도 봄바람으로 전해주고 싶다.

삶이 힘들다고 생각하는 사람은 자기가 짊어진 짐을 무거워하기 때문이다. 짐은 누구나 짊어지고 산다. 때론 그 짐이 살아가는 이유가 되기도 한다. 그러나 짐이 무거우면 마음이 겨울을 탄다. 이럴 때는 누군가가 봄바람을 이끌어주거나 어디에서 봄소식이 들려오면 힘이 난다.

바쁜 걸음을 조금 멈추고 가만히 귀 기울여보면 멀리서 봄소식이 들리는 듯하다. 내 삶의 봄은 간절한 소망에 연결되어 있고, 계절의 봄은 남녘에서 지금 올라오고 있다. 봄은 사람을 차별하지 않는다. 단지 이 겨울을 살아남아야 한다. 조금만 더 힘을 내서 살아야겠다. 지금이 마지막 고비임이 틀림없다.

| 발문 跋文 |

퐁퐁 솟는 샘물처럼 솟는 수필

박성배
(계간문예작가회 회장)

1

김창희 작가는 2016년에 초등학교 교장으로 정년퇴임했다. 정년퇴임을 하면 평생 해오던 일에서 손을 떼게 된다. 말하자면 마라톤의 결승 테이프를 끊은 셈이다. 그런데 그를 아는 모두를 놀라게 하는 새로운 도전이 시작되었다. '아침단상'이라는 200자 원고지 15매 내외의 에세이가 아침마다 카톡에 떠오르기 시작한 것이다. 몇 번 하면 끝나겠지 했는데 아침이면 해가 떠오르듯 에세이도 규칙적으로 떠오르곤 했다. 차차 그의 열성과 능력에 빠져들던 중 '아침단상' 190회가 되었을 때 97편의 글을 뽑아 《삶을 깨우는 아침단상》이라는 제목으로 책을 펴냈다. 2018년 4월이었다. 그때까지도 김창희 작가는 문단 등단은 생각 않고 그저 좋아서 글을 쓰는 자연스럽고 순수한 글쟁이였다.

작품집을 낸 것만으로도, 유럽이라면 넉넉히 작품 활동을 하는 작가로 자리 잡을 수 있겠지만 유독 등단이라는 형식적인 절차를 따지는 한국 문단인지라 신인상 등단을 하는 것이 좋겠다고 몇 번 권유하였다.

자유분방하게 어떤 틀이나 형식에 구애 없이 글을 썼던 김창희 작가는 에세이 몇 편을 다듬어《계간문예》에 응모했고, 그중 〈삶의 행간 읽어내기〉가 당선되었다.

신인상 등단은 문학 작품을 본격적으로 쓰기 위한 출발선에 선 것이다. 그때부터 김창희 작가는 남다른 겸손과 열성을 보였다. 수필 창작 강의를 들으면서 본격적인 수필 창작과 그동안 해오던 '아침단상'을 계속한 것이다.

필자가 가장 최근 본 '아침단상'은 〈다시 시작하자〉라는 제목으로 쓴 516번째 글이다. '누구의 삶에 쉽게 가격을 매겨서는 안 된다. 그가 살아온 순간마다 다른 사람이 모르는 이유가 있었고, 그 이유가 오늘의 삶의 가격을 결정하기 때문이다.'라고 전제한 다음 '아직 내 삶의 가격은 충분히 높다. 남은 세월이 길고 코로나19를 넘어 다시 시작할 마음의 준비가 되어있다. 다시 시작하자. 오늘 뜨는 해가 눈부시다.'라고 아침햇살처럼 반짝이는 글이다.

512 번째 글은 〈다시 젊어지고 싶지 않다〉이다. 김창희 작가는 박완서 선생이 노년에 쓴 "나이가 드니 마음 놓고 고무줄 바지를 입을 수 있는 것처럼 나 편한대로 헐렁하게 살 수 있어서 좋다"라는 글을 음미하면서 "요즘 나도 같은 생각이다. 눈부신 젊음이 잠시 부럽기도 하지만 누군가 내게 다시 그 시절로 돌아가고 싶으냐고 묻는다면

'NO!'라고 대답하고 싶다. 이렇게 자유롭고 여유로운 삶이 얼마나 좋은데 젊음으로 돌아가, 앞이 안 보여 불안하고 죽을 것 같은 힘을 다시 쏟고 싶지 않다."라고 했다. 이 글을 읽으면서 언뜻 오버랩된 것이 성경 창세기에 등장하는 야곱이다. 야곱은 나이 백삼십 세가 되어 애굽의 바로 왕 앞에서 "험악한 세월을 보내었나이다." 하고 지나온 시절을 토로한다. 김창희 작가도 살아온 세월을 돌이켜보며 야곱과 같은 심정일 거라는 생각이 든다. 다시 돌아가고 싶지는 않지만 켜켜이 그리움이 묻어나는 세월들을 불러들여 만지작거리는 즐거움을 만끽하는 사람이 수필가이기 때문이다.

아침마다 올라온 '아침단상'을 읽을 땐 새벽마다 새로 맺히는 아침 이슬을 보는 듯하다. 아침마다 새로운 생각을 맺힐 수 있는 재주는 아무나 갖는 재주가 아니다. 남다른 열정이 없거나, 또 사물이나 현상을 보고 깊은 사색을 남다르게 하지 않으면 도저히 할 수 없는 일이다. 말하자면 김창희 작가는 수필가로서의 재능을 타고 난 작가이다.

2

《삶의 행간》에는 5부로 나누어 52편의 작품을 실었다. 삶의 터널 – 삶의 길목에서 – 세상 읽기– 삶의 지평선 – 아직도 남은 이야기로 기차의 칸처럼 이어져 김창희 작가가 가고자 하는 삶의 행간을 달리고 있다.

1부 '삶의 터널'에 실린 글들은 지금 와 돌이켜 볼 때 터널을 지나온 세월이었음을 암시하는 글들이다.

여유를 갖고 인터넷을 뒤져 크로톤이 갑자기 잎을 떨군 이유를 찾아보다가 '탁!' 무릎을 쳤다. '식물은 뿌리가 감당할 능력만큼만 잎과 열매를 소유한다.'라는 글귀가 머리를 때렸다. 크로톤은 내가 큰 뿌리를 화분에 넣기 위해 잘라 버린 뿌리만큼 잎을 떨군 것이다.

새삼 내가 자식들에게 어떤 뿌리를 만들어 주었는지 생각해 본다. 어른인 구세대의 생각으로, 부모라는 입장에서 미리 정해놓은 화분에 그들을 심기 위하여 함부로 뿌리를 잘라내지 않았는가? 그 잘려나간 뿌리가 창의력일 수 있고, 마음껏 뻗어나갈 상상력일 수 있고, 젊은이들만이 갖고 있는 특별한 재능일 수도 있었을 것이다.

– 〈내 사랑 크로톤〉에서

킴벌리 커버거의 시 '지금 알고 있는 걸 그때도 알았더라면'이 떠오르는 깨달음이 뭉클한 글이다. 돌이켜보면 화분이라는 내 생각에 우격다짐으로 집어넣었던 일들이 얼마나 많았는가? 잎이 떨어지고 시들시들한 이유가 바로 내 행동에서 연유했다는 사실을 깨닫게 된다.

2부 〈삶의 길목에서〉는 삶의 터널을 빠져나와 삶의 길을 걷다가 어느 길목에 서서 뒤와 앞을 번갈아 바라보는 작가의 모습을 읽게 된다. 마치 대나무의 마디처럼 더 자라기 위한 매듭을 만드는 글이라는 느낌이다.

따끈한 국밥의 핵심은 역시 토렴이다. 토렴은 국밥 재료를 따뜻

> 하게 하는 과정이다. 뚝배기에 미리 준비된 국밥 재료를 넣고 뜨거운 국물을 커다란 국자로 부었다 따르기를 여러 번 반복한다. 토렴을 하면 잘 우러난 육수의 맛이 재료에 배이고 뜨거운 열기가 식어 있는 국밥 맛의 본능을 깨운다.
>
> 삶에도 토렴이 있다.
>
> – 〈삶의 토렴〉에서

김창희 작가는 이렇게 삶의 행간을 샅샅이 뒤져 시詩적인 울림을 주는 깨달음을 얻는다. 한국 사람들의 토속적인 정겨움을 보여주는 토렴에서 삶의 토렴을 보는 혜안을 읽는다.

> 세상이 바쁘고 각박하여 나처럼 운전이 좀 서툰 사람은, 서울에서 출퇴근 시간 때, 끼어들기가 쉽지 않다. 나가는 길을 미리 줄 서지 않고 늦게 들어가려고 깜빡이를 켰다가는 클랙슨 소리에 밀려 국물도 없다.
>
> 그래도 국물 있는 별난 사람도 있다. 며칠 전에 간 H식당 주인은 국물을 조금만 더 달라고 했는데 건더기까지 듬뿍 주었다. 좀 멀기는 하지만 또 가고 싶다. 날씨가 점점 추워지지만 토렴한 국밥 생각에 가슴이 따뜻해진다.

이렇게 마무리되는 글은 잔잔한 여운을 준다.

3부 '세상읽기'는 작가가 바라본 세상을 작가의 언어로 읽고 있다. 같은 사물, 같은 행위, 같은 사건이라도 누가 어떻게 바라보느냐에 따라 전혀 다른 해석이 나올 수 있다. 이때 수필가는 남다른 해석을 하는 전문가이다. 그 해석이 한쪽으로 치우쳐 독자들의 반감을 사면 안 된다. 독자의 공감을 얻는 일이 필수이다. 그러면서 작가의 해석에 감탄하고 감동을 얻을 수 있어야 한다. 김창희 작가는 이런 일에 충실하고 있다.

> 내가 늘 부끄러워하며 길들이려는 좌우명이 있다. '듣기는 속히 하고 말하기와 성내기는 더디게 하라'이다. 평생 가르치는 직업에 종사했으며 책 읽기를 즐겨한 탓에 내가 아는 것을 남들에게 나누어 주고 싶어서 말이 많다. 그것까지는 그런대로 넘어갈 수 있는데 쉽게 성을 내는 것이 문제다. 고민한 만큼 조언도 많이 들었다. 목사님은 자기의 죄를 지적당하면 성을 낸다고 한다. 나는 부끄럼 3단계라고 말하고 있는데 내 죄를 죄라고 인정 안 하고 성을 내는 것을 보니 아직 2단계인 모양이다.
>
> – 〈길들이기〉 중에서

사람이 자기의 결점이나 잘못을 인정하고 고치는 일은 정말 어렵다는 것을 인간사나 특히 정치판에서 흔하게 볼 수 있다. 사람이 자기 자신을 알려면 많은 수양을 해야 한다. '길들이기'를 읽노라면, 수필이란 '자신을 거울에 비춰보며 쓰는 글'이라는 생각이 든다. 수필이라는 거울 앞에 서지 않고서 언제 자신의 부끄러운 부분을 볼 수 있겠는가. 말하자면 수필 쓰는 자체가 수양이고 수련이며 깨달음이다. 김창희 작가의 수필이 이런 점을 시범적으로 보여주고 있다.

4부 '삶의 지평선'은 제목 자체가 은유적이다. 김창희 작가는 하늘과 땅이 맞닿은 지평선이 인생길의 종착지라고 생각한다.

땅의 끝과 하늘이 만나는 곳이 지평선이다. 그렇다면 삶의 지평선은 삶과 죽음이 만나는 곳일까. 요즈음 삶의 지평선이 조금씩 보이는 듯하다. 하지만 가까이 가면 갈수록 삶의 지평선이 멀어지고 희미해진다. (중략)

삶의 지평선을 의식하는 나이가 되었다. 어떻게 살아왔든지 돌이킬 수 없는 것이 인생이다. 다행히 지나온 길이 아슬아슬한 고비는 있었지만 손가락질받을 만큼 비루하게 살지 않은 것 같아 얼마나 다행스러운지 모른다. 앞으로 남은 삶의 발걸음이 내 인생의 메달 색깔을 좌우할 것이라고 생각한다.

-〈삶의 지평선〉 중에서

김창희 작가는 지나온 자취가 부끄럽지 않았음을 자신自信한다. 자신의 삶의 태도에 대한 신뢰와 긍지가 글 곳곳에 묻어난다. 그러면서 저기 보이는 지평선 끝까지 이러한 삶을 유지할 것이라고 다짐한다. 특히 김창희 작가는 인간관계를 소중히 여긴다. 길가에서 물건을 파는 아주머니들에게 몇 푼의 돈을 깎지도 않고, 남에게 섭섭한 말을 하지 못하는 성격이다. 그런 인간관계는 가족식구들, 특히 아내에 대한 배려로 나타나고 있다.

내 아내는 왕비다.

내가 왕이 아닌데도 왕비가 된 까닭은, 내 핸드폰에 자기 전화번호를 왕비라 입력해 놓았기 때문이다. 그냥 왕비가 아니라 나이가 들수록 진짜 왕비님이 되어간다.

그런데 왕비 노릇을 제대로 하지 못할 때가 있다. 일주일에 한 번씩 코스트코에서 장을 본 날은 짐이 많다. 무겁고 많은 짐을 트렁크에서 내리려면 힘이 든다. 그래도 그렇지, 아내가 왕비님인데, 어떻게 짐을 들고 내리라 하겠는가! 그냥 엘리베이터 버튼만 누르고 있으면 좋으련만 도와준다고 이것저것 나르고 나서 손가락이 아프다고 야단이다. 내가 그 정도는 혼자 할 만한 힘도 있는데, 낑낑거리며 앞길을 막아설 때면 마음만 불편해진다.

– 〈내 아내는 왕비다〉 중에서

퇴임한 후에도 아내를 왕비로 모시고 산다는 위트와 유머 속에는 아내와 자녀들을 극진히 사랑하고 또 사랑하는 방법을 아는 작가의 여유로움과 지혜를 느낄 수 있다.

5부 '아직도 남은 이야기'에서는 살아오면서 특별히 기억에 남는 이야기들을 비밀 수첩을 펼치듯 꺼내놓았다. 특히 많은 부분에서 아버지를 그리워하는 마음을 읽을 수 있다.

아버지는 건강 때문에 술과 담배를 하지 않았다. 그런데도 집에는 술과 담배가 떨어지지 않았다. 집에 오는 사람을 대접하기 위해서다. 어쩌면 이야기보다 한잔 술을 먹고 싶은 사람도 있었으리라. 농사를 짓는 사람은 고된 일을 할 때 술기운의 힘을 빌어 일을 하거나, 담배를 핑계로 잠깐 휴식을 취하곤 한다. 내 생각이 옳다고 생각하지만 상대가 스스로 자기 생각을 바꾸지 않으면 그 사람을 배려해야 한다는 것이 아버지의 지론이었다. 이렇게 쌓인 정 덕분에 아버지는 농사가 힘들지 않았다.

– 〈아버지가 농사짓는 법〉 중에서

김창희 작가의 천성적인 남을 배려하는 마음은 아버지로부터 물려받은 것임을 알 수 있다.

3

지면 관계로 많은 작품을 살피지는 못했으나 김창희 작가의 제2 수필집 《삶의 행간》은 김창희 작가의 부지런하고 성실한 모습과 아름다운 인간관계, 부모님에 대한 남다른 효심이 자연스럽게 그려져 있다. 그리고 수필 여러 곳에서 아내와 자식을 사랑하는 진심이 강하게 드러난다. 무엇보다도 평생을 교직에 몸담았고, 교장으로 정년퇴임하기까지 제자들을 사랑하고 바른 교육을 하려고 애쓴 곧고 굳은 심지를 행간에서 읽게 된다. 여기에 그림을 그리는 본바탕인 도화지처럼 김창희 작가의 모든 마음의 본바탕에는 신실한 신앙이 펼쳐져 있다.

아침을 준비하는 사람은 아침을 기다리지 않는다. 우리 집은 아직 별이 총총할 때 거실에 불이 환하게 밝혀져 있다. 기도로 시작한 준비가 아침 단상 글쓰기를 거쳐 해독주스까지 마무리하려면 두 시간이 족히 필요하다. 삶이 그렇듯이 아침 준비도 서로 밀접하게 이어져 있어서 어느 것 하나 소홀할 수 없다.

– 〈인생의 간 맞추기〉 중에서

김창희 수필가의 이런 고백에서 그의 습관과 의지와 신앙과 정성과

섬세한 마음 등을 한꺼번에 읽고 그 만의 향기를 맡을 수 있다.

다른 문학 장르도 그렇겠지만 특히 수필 창작은 '열정'이라는 야생마를 타고 달리는 일이라 본다. 야생마를 제압하지 못하면 기분 좋은 질주를 할 수 없다. 수필가가 '열정'이라는 말을 타고 삶의 들판과 계곡과 숲속과 외진 길을, 때론 경쾌하게 리듬을 타며, 때론 갈기를 세우고 질주할 때 독자들은 작가의 허리를 꽉 잡고 함께 달리는 즐거움을 만끽하는 것이다.

일찍이 피천득 선생은 '수필'이라는 글에서 '수필은 청춘의 글은 아니다. 서른 여섯 살 중년의 고개를 넘어선 사람의 글이며, 정열이나 심오한 지성을 내포한 문학이 아니요, 그저 수필가가 쓴 단순한 글이다'라고 했다. 이 글은 수필을 쓸 때 너무 힘을 들이지 말고 쓰라는 뜻인데 실은 가장 어려운 기술을 지적한 것이다. 김창희 작가가 늦게 작가의 길로 들어섰다지만 수필을 쓰는 나이로는 이제 시작이다. 물오른 그의 수필 창작 행보를 지켜보고 싶다.

김창희 작가의 '아침단상'과 수필들을 대하면 퐁퐁 솟는 샘물을 보는 듯하다. 마치 글을 쓰지 않으면 못 배기는 사람처럼 퐁퐁 글을 써내기 때문이다. 김창희 작가는 아마 '내가 수필을 쓰지 않았더라면 무슨 재미로 살까?' 하고 생각할지 모른다. 그래서 천상 수필가이다. 김창희 수필가의 두 번째 수필집 《삶의 행간》에 들어서서, 삶의 행간을 헤집고 산책한 즐거움이 크다.

계간문예수필선 116

삶의 행간

초판 인쇄 2020년 11월 9일
초판 발행 2020년 11월 13일

지 은 이 김창희
회 장 서정환
발 행 인 정종명
편집주간 차윤옥

펴낸곳 도서출판 **계간문예**
편집부 03132 서울 종로구 삼일대로 30길 21 종로오피스텔 1209호
주소 03132 서울 종로구 삼일대로 32길 36 운현신화타워 305호
전화 02-3675-5633 팩스 02-766-4052
인쇄 54991 전북 전주시 완산구 공북1길 16, 신아출판사
이메일 munin5633@naver.com
등록 2005년 3월 9일 제300-2005-34호
ISBN 978-89-6554-228-5 04810
ISBN 978-89-6554-118-9 (세트)

값 15,000원

잘못 만들어진 책은 바꾸어 드립니다.

이 도서의 국립중앙도서관 출판예정도서목록(CIP)은 서지정보유통지원시스템 홈페이지(http://seoji.nl.go.kr)와 국가자료공동목록시스템(http://www.nl.go.kr/kolisnet)에서 이용하실 수 있습니다. (CIP제어번호: CIP2020047830)